T0110996

Printed in the United States
By Bookmasters

الأساليب القيادية للموارد البشرية

(الأخلاق الإدارية - إستراتيجيات التغيير)

فهرسة أثناء النشر إعداد إدارة الشئون الفنية - دار الكتب المصرية
السيد فتحي الويشي
الأساليب القيادية للموارد البشرية (الأخلاق الإدارية - إستراتيجيات التغيير) / تأليف: دكتور/ السيد فتحي الويشي
ط1 - القاهرة: المجموعة العربية للتدريب والنشر
186 ص: 17x24 سم.
الترقيم الدولي: 978-977-722-001-9
1- القوى العاملة
2- القيادة الإدارية
ديوي: 331،1 رقم الإيداع: 2013/1538

الطبعة الأولى
2013

Arab group

الناشر
المجموعة العربية للتدريب والنشر
8 أ شارع أحمد فخري - مدينة نصر - القاهرة - مصر
تليفاكس: 22759945 - 22739110 (00202)
الموقع الإلكتروني: www.arabgroup.net.eg
E-mail: info@arabgroup.net.eg
elarabgroup@yahoo.com

الأساليب القيادية للموارد البشرية

(الأخلاق الإدارية - إستراتيجيات التغيير)

تأليف

الدكتور/ السيد فتحي الويشي

الناشر

المجموعة العربية للتدريب والنشر

Arab group

2013

بسم اللـه الرحمن الرحيم

(يَا أَيُّهَا الَّذِينَ آمَنُوا اتَّقُوا اللـه وَقُولُوا قَوْلًا سَدِيدًا {70/33} يُصْلِحْ لَكُمْ أَعْمَالَكُمْ وَيَغْفِرْ لَكُمْ
ذُنُوبَكُمْ وَمَن يُطِعْ اللـه وَرَسُولَهُ فَقَدْ فَازَ فَوْزًا عَظِيمًا)

صدق اللـه العظيم

(سورة الأحزاب: 70-71)

(إذا كنتَ تنشدُ الجودةَ

فتصرفْ كأنها لديك)

د. إبراهيم الفقي

المحتويات

صفحة زوجية فارغة

المقدمة

الحمد لله الذي خلق الإنسان، وعلمه الحكمة والبيان، وزينه بالخلق والإيمان، وأمره بالعدل الإحسان، وكلفه بالخلافة والعمران وبعد..

شهد العالم خلال السنوات القليلة الماضية - ولا يزال - عدداً من المتغيرات الأساسية والتي طالت مختلف جوانب الحياة المعاصرة، ومست كافة المؤسسات الاقتصادية والاجتماعية والسياسية في دول العالم على اختلاف درجاتها في التقدم والنمو. كذلك أثرت تلك المتغيرات على هيكل القيم ونسق العلاقات المجتمعية في كثيرٍ من دول العالم إلى الحد الذي يبرر القول بأننا نعيش الآن "عالم جديد" يختلف كل الاختلاف عن سابقه والذي ساد عبر القرون السابقة وحتى بدايات الثمانينات من هذا القرن.

وتهتم إدارة الموارد البشرية بقضية تدريب وتنمية الموارد البشرية بمعنى أشمل وأعمق مما كانت تتعامل به إدارة الموارد البشرية التقليدية مع هذا الجانب المهم في تفعيل هيكل الموارد البشرية بالمؤسسة

كما تمر بالإنسان مواقف، وتخطر بباله أفكار وتأملات، ويعلق بذاكرته انطباعات ونظرات، فترسم في الذهن، وتعتمل في الخيال، وتبقى حبيسة حتى يأذن الله ببعثها من مرقدها.

وما في صفحات هذا الكتاب إنما هي ارتسامات علقت في الذهن، ونتجت عن قراءة، أو تأمل، أو تحليل لظاهرة، أو بحث في قضية، أو نظرة في مجريات الحياة، فرغبتُ في تقييدها ونشرها، ومن منطلق الربط بين الخَلقِ والعمارة والربط بين الآخرة والدنيا "وابتغ فيما آتاك الله الدار الآخرة ولا تنس نصيبك من الدنيا".

ومن ثَمَّ فإن مسألة دعم أخلاقيات الإدارة ليس عن طريق الزجر فقط، وإنما عن

طريق التربية والتهذيب لسلوك الإنسان وجعله يخشى الله ويراقبه قبل أن يراعي الرقابة الإدارية.

ومن ثَمَّ يهدف الكتاب الذي بين أيدينا "الأساليب القيادية والأخلاق الإدارية للموارد البشرية (إستراتيجيات التغيير)" إلى إلقاء الضوء على الأساليب القيادية التي تتعلق بإدارة الأداء مع استعراض محتويات الكتاب.

يحتوى الكتاب على بابين، وعشرة فصول جاءت على النحو التالي:

يتحدث الباب الأول عن إدارة الموارد البشرية، بينما يرصد الباب الثاني القيادة والحوكمة الرشيدة، ولقد تم الاستفادة في إعداد هذا الكتاب بالعديد من المصادر والمراجع بما يتيح للقارئ مساحة أكبر من المعرفة حول إستراتيجيات تنمية الموارد البشرية.

وأدعو الله أن يأخذ هذا الكتاب دوره مع بقية الكتب التي صدرت بخصوص تنمية الموارد البشرية، وما يحمله من أفكار جديدة معاصرة ومتطورة ولمسات فكرية وإستراتيجيات تغيير، تربط الأساليب القيادية والأخلاق الإدارية.

والله من وراء القصد...

المؤلف

الباب الأول

إدارة الموارد البشرية

يشتمل الباب على الفصول الآتية:

1- إدارة الموارد البشرية (المفهوم. الأهمية. الاستراتيجيات) .

2- الاتجاهات الإدارية الحديثة.

3- المرتبات.

4- الحوافز.

5- التدريب والتنمية الإدارية.

6- التقييم الذاتي للإدارة.

7- المشكلات الإدارية للعاملين.

صفحة بيضاء - تترك فارغة

الفصل الأول

إدارة الموارد البشرية (المفهوم. الأهمية. الإستراتيجيات)

مفهوم الموارد البشرية:

الموارد هي المصادر أو الوسائل أو الثروة. مفردها مورد وهو المكان الذي يأتي الناس إليه للحصول على شيء يحقق نفعاً لهم.

ويُستخدم المصطلح للإشارة إلى الأصول المادية التي تحقق ثروة أو إيرادات، وحدث اتساع بالمصطلح ليشمل الموارد البشرية، والتي يمكن أن تحقق ثروة أو إيرادات في حالة توافر المعارف والاتجاهات والمهارات المطلوبة في هذه الموارد.

ويُعرِّف البعض المورد على أنه أي شيء له قيمة ويمكن استخدامه، وهو إما يكون متاحاً أو غير متاح، ويتطلب بعض الجهد لجعله أداة يمكن استخدامها لتأدية وظيفة أو لإشباع حاجة أو لحل مشكلة.

تعددت تعريفات الموارد البشرية، وعلى الرغم من كثرة التعريفات التي تناولت إدارة الموارد البشرية من حيث الصياغة، إلا أنها تتفق - تقريباً - في المضمون وروح رسالتها، وقد جاءت هذه التعريفات مواكبة لتطور الفكر فيما يتعلق بالنواحي البشرية في المؤسسات، وفيما يلي مجموعة من التعريفات:

- مجموعة من الممارسات والسياسات المطلوبة لتنفيذ مختلف الأنشطة المتعلقة بالنواحي البشرية التي تحتاج إليها الإدارة لممارسة وظائفها على أكمل وجه.

- الأنشطة الإدارية المتعلقة بحصول المؤسسة على احتياجاتها من الموارد البشرية وتطويرها وتحفيزها والحفاظ عليها بما يُمكِّن من تحقيق الأهداف التنظيمية بأعلى مستويات الكفاءة والفعَّالية.

- هي النشاط الخاص بتخطيط وتنظيم وتوجيه ورقابة العنصر البشري بالمؤسسة من خلال رسم السياسات المتعلقة بالاختبار والتدريب والأجور والحوافز وتقييم الأداء وتوفير الخدمات الصحية والاجتماعية وصولاً إلى الإحالة للمعاش، بهدف تحقيق أهداف المؤسسة والعاملين بها والمجتمع.

- هي عبارة عن مجموعة من العمليات الجزئية، بدءاً من تخطيط الموارد، ومروراً بإعداد نظم التحليل والوصف الوظيفي وإعداد نظم الاختيار والتعيين، ونظم تقويم أداء العاملين، والحوافز، وانتهاءً بوضع نظم التأديب ونظم السلامة المهنية، بما يحقق أهداف المؤسسة.
  ومن ثَمَّ يعتبر مصطلح الموارد مرادفاً لمفاهيم أخرى مثل القوى البشرية والعناصر البشرية ورأس المال البشري والبشر.. هَمْ الإنسان وأخوه الإنسان.

خصائص الموارد البشرية:

- القدرة على التعامل في سوق مفتوح يتسم بالتقلب والفجائية.

- المرونة والقدرة على التخلص من أساليب متغيرة غير جامدة لمواكبة حركة التغير داخل وخارج المؤسسة.

- التحرر من أسر الخبرات الماضية وحدود التخصص المهني والعملي الدقيق والقدرة علي الانطلاق نحو مجالات عمل وتخصصات وأسواق متغيرة باستمرار.

- الاهتمام باكتساب المعارف والمهارات الجديدة ومواصلة التنمية الذاتية في فروع المعرفة التي يحتاجها سوق العمل.. قبول التغير والاستعداد لتحمل مخاطر العمل في مجالات مختلفة ومناطق جديدة.
- تحمل المسؤولية وممارسة الصلاحيات وتوفر درجة كافية من الاستقلالية وعدم الاعتماد على الغير في التوجيه والإرشاد.
- قبول التنوع والتغير في أعضاء فرق العمل والعملاء أو مجالات العمل وتَحمُل أعباء ذلك التنوع والتغير.
- الطموح والتطلع إلي مستقبل أفضل وعدم الركود ألي قبول ما تحقق من خبرات أو نجاحات.
- قبول التحديات ومواجهة المهام الصعبة واعتبارها فرصاً لإثبات الذات والقدرة علي التعامل معها.

ويتضح من خصائص إدارة الموارد البشرية أنها نشاط مرتبط بالإدارة العليا وهي مسؤولة عن هذا النشاط كما أن لإدارة الموارد البشرية بُعد إستراتيجي وهي منهج شامل وتعنى بالعاملين وسلوكياتهم ورفع مهاراتهم، كما تُركِّز على الأداء والتنافس والتميز وكل ذلك يعكس أهمية إدارة الموارد البشرية.

أهمية الموارد البشرية:

تعتبر الموارد البشرية العنصر المهم لتحقيق الأهداف والغايات المرجوة فأهميتها تكمُن في دورها المؤثر في رفع كفاءة إدارات المؤسسة وفعَّاليتها في أداء مهامها وأنشطتها بوصفه محصلة نهائية لكفاءة وفعَّالية المؤسسة ذاتها ومدى قدرتها على التميز والمنافسة داخلياً وخارجياً.

كل ذلك يتحقق إذا ما أُحسن استقطاب واختيار وتعيين الكفاءات المتميزة والمؤهلة

والمدربة وتم التخطيط لها بعناية والاهتمام بها والمحافظة عليها وصيانتها وتطويرها ووضع نظام عادل للمرتبات والمكافآت والحوافز وتَبني الموضوعية في قرارات الترقية وفق اعتبارات ومعايير عادلة تكون معلومة وواضحة للجميع وعلى درجة من الشفافية والوضوح.

وتستمد إدارة الموارد البشرية أهميتها من كونها:

- تهتم بالعنصر الخلاق والفعّال في المؤسسة، وليس هنالك أي مؤسسة يمكن أن تعمل بدون هذه الإدارة ولا حتى المؤسسات الافتراضية.
- المسؤولة عن التخطيط لأفراد المؤسسة من التدريب وتنمية المهارات وإيجاد الجو الملائم لهم للعمل بحل مشاكلهم.
- تُقيم احتياجات المؤسسة من القوى البشرية ومواصفات الشواغر الوظيفية.
- توزع المسؤولية في التنظيمات الإدارية مع الأدوار المرنة لفريق العمل والتأكيد على علاقات العامل فردية لا جماعية عالية الثقة أكثر من منخفضة الثقة...
- تؤكد على اتجاه وسلوك خصائص العاملين.
- تصاحب الثقافات والقيم القوية.
- تحتوى على منهج شامل ومتماسك لسياسات المستخدمين.
- تؤكد على الحاجة إلى التناسب الإستراتيجي والتكامل بين العمل والاستراتيجيات الفردية.
- تساعد في وضع الهياكل التنظيمية وإجراءات التعديل.
- تدعم تنفيذ الخطط الإستراتيجية.
- تساعد في وضع الخطط الإستراتيجية للمؤسسة، من خلال تقديم المعلومات الدقيقة عن القوى البشرية والخطط قصيرة الأجل المقترحة في ضوء التغذية الراجعة من تطبيق الخطط في المراحل السابقة.
- تحديد المكافآت على أساس الأداء والتنافس أو المهارة.

التخطيط الإستراتيجي للموارد البشرية:

تتركز أهم عوامل ومسببات التغيير الذي ساد - ولا يزال - العالم فيما يلي:

- الثورة العلمية التي أسهمت في تحرير الطاقات البشرية واستثمار مصادر الطبيعة وتكوين القدرات الأعلى لاستغلال الثروات الكامنة إلى أبعد مدى يُمكنُ للعقل الإنساني تصوره.
- الطفرات والإنجازات التقنية غير المسبوقة والتي مكنت الإنسان من زيادة الإنتاج وتحسين الكفاءة والفعَّالية في مختلف العمليات الإنتاجية، وحققت للإنسان قدرات غير محدودة لابتكار وتطوير أساليب إنتاجية متفوقة من حيث الكم والكيف.
- الثورة الهائلة في مجالات الاتصالات وما حققته من ربط وتواصل بين أجزاء العالم وكَرستْ فعلياً مفهوم أن العالم قرية صغيرة.
- الطفرات الهائلة في تقنيات الحاسبات الآلية والتراكمات المتوالية في القدرات الحسابية وحجم الذاكرة وسرعة العمليات التي تؤديها الحاسبات الآلية من الأجيال الحالية والتي تتفوق بمراحل شاسعة على أحلام وتوقعات أكثر المتفائلين بقدرات الحاسبات منذ سنوات قليلة فقط، ناهيك عن السهولة الفائقة والتيسير المتواصل في أساليب التعامل مع الحاسبات واستخدامها لغير المتخصصين، وتطوير البرمجيات لفتح آفاق الاستخدام غير المحدود الذي لا يتطلب خبرة سابقة من جانب المستخدم العادي. إضافة إلى كل هذا فإن الانخفاض المتواصل في أسعار الحاسبات يجعلها باستمرار في متناول أعداد غفيرة من المستخدمين في مختلف مجالات الحياة.
- التكامل والاندماج بين تقنيات الحاسبات الآلية والاتصالات الإلكترونية لتشكيل التقنية الأفضل والأخطر في عصرنا الجديد وهي تقنية المعلومات بكل ما تعنيه من إمكانيات وآفاق لا محدودة وآثار عميقة في إعادة تشكيل المؤسسات ونظم العمل وعلاقات البشر وتفاعلهم مع الآلة في مواقع الإنتاج والخدمات المعاصرة.

إستراتيجية تكوين الموارد البشرية:

تهتم هذه الإستراتيجية بتأمين حصول المؤسسة على الموارد البشرية المناسبة لاحتياجاتها في التوقيت المناسب، والاحتفاظ بقوة العمل في تناسق مستمر مع متطلبات الأداء وظروف المؤسسة. ويتم تصميم هذه الإستراتيجية في ضوء الإستراتيجية العامة للموارد البشرية وأهدافها الإستراتيجية، وكذا في ضوء التعرف المستمر على أوضاع سوق العمل.

تهدف إستراتيجية تكوين الموارد البشرية إلى تحقيق الغايات التالية:

- وضع الأسس السليمة لتقدير احتياجات المؤسسة من الموارد البشرية وتحديد مواصفات وخصائص الأفراد المطلوبين بعناية.

- رسم طرق وأساليب البحث عن العناصر البشرية المطلوبة من المصادر الأكثر احتمالاً سواء من داخل المؤسسة أو من خارجها في سوق العمل المحلية أو الإقليمية أو العالمية.

- تنمية وسائل استقطاب العناصر المطلوبة، وتطوير مغريات لحفزهم على الانضمام إلى المؤسسة باعتبارها من أفضل جهات الاستخدام.

- تنمية وسائل ومعايير فحص المتقدمين للعمل والمفاضلة بينهم لاختيار أكثر العناصر توافقاً مع احتياجات المؤسسة ومتطلبات الأعمال والوظائف الشاغرة وظروف التشغيل المادية والاجتماعية.

- ضمان تشغيل الموارد البشرية المتاحة بطريقة مثلى بإسناد المهام المناسبة إلى الأفراد أو المجموعات بما يوافق خصائصهم المهنية والعلمية ورغباتهم وتوجهاتهم الشخصية.

- ضمان المحافظة على الموارد البشرية بالعمل المستمر على جَعلِ مكان العمل ومتطلباته وعوائده متناسبة ومتوافقة مع تطلعات الأفراد وخصائصهم المتطورة.

تكوين الموارد البشرية

● المفاضلة بين المصادر الداخلية والمصادر الخارجية لاستقطاب الموارد البشرية المناسبة لاحتياجات المؤسسة.

● المفاضلة بين إجراء عمليات البحث والاستقطاب ذاتياً بإمكانيات المؤسسة وأساليبها الخاصة، أو إسنادها إلى مكاتب البحث والاستقطاب ومراكز التقييم المتخصصة.

● تطوير أساليب وبرامج اختبار المتقدمين للعمل بالمؤسسة وتحديد أسس ومعايير الاختيار.

● تصميم الأعمال والتأكد من ملاءمة التصميم وإمكانية تحقيقه.

● تطوير هيكل الأجور والتعويضات للعاملين وإجراء المقارنات مع المستويات السائدة في سوق العمل.

● تطوير نظم وفرص التدريب وتنمية الموارد البشرية، ومسارات التقدم الوظيفي التي تتيحها المؤسسة للعاملين فيها.

● مراجعة نظم وأساليب القيادة والإشراف في ضوء معرفة نوعيات ومستويات الموارد البشرية اللازمة للمؤسسة.

كما تكتسب إدارة الموارد البشرية أهميتها من:

الدراسات والبحوث: فقد أكدت نتائج العديد من الدراسات والبحوث على العناية بالعنصر البشري باعتباره العامل الرئيسي لزيادة الإنتاج ولتزايد أهمية العلاقات الإنسانية وتحفيز العاملين وإشباع حاجاتهم ولأن نجاح وفشل كافة المؤسسات مرهون بالعنصر البشري.

التكلفة: حيث تشكل النفقات التي تتحملها المؤسسات لتغطية أجور

وتعويضات العاملين جزءاً كبيراً من نفقاتها ولذا فأفضل استثمار يجب أن يُوجه للأفراد العاملين.

الحاجة إلى التخصص: أصبح من الضروري أن يتطلب عمل إدارة الموارد البشرية تأهيل وتدريب متخصص في الجوانب العديدة لهذه الوظيفة كتخطيط الموارد البشرية وتصنيف الوظائف وصنع السياسات والأجور وإجراء البحوث وذلك نتيجة إلى التوسع الكبير في هذه الوظيفة إذا لم يكن بالإمكان شغل هذه الوظائف بأفراد من ذوي التخصصات العامة.

الاستفادة من الموارد البشرية: تزايد إدراك قادة المؤسسات بأن الأفراد موارد إنسانية كسائر الموارد التي تحرص المؤسسات على استثمارها استثمارا أفضل مما يتطلب الاستفادة منها وحسن استخدامها والمحافظة عليها والعمل على تحسين أدائها باستمرار ولهذا لابد من تبني أسلوب إنساني في التعامل مع الموارد البشرية وإشباع حاجاتها وتحفيزها وإشراكها في إتخاذ القرارات والتخطيط وتصميم البرامج لها. والإدارة الحديثة تدرك أن نجاح المؤسسة مرهونا بتحقيق أهدافها وان الوسيلة الأكثر فعَّالية لتحقيق هذه الأهداف هي مواردها البشرية . وفي ضوء ما تقدم يتضح الدور الرئيسي الذي تلعبه إدارة الموارد البشرية بالمؤسسات من توفير القوى العاملة الضرورية ذات الكفاءة والتخصص بجانب القيام بالعديد من المهام والمسؤوليات كالتخطيط لها واستقطابها وتدريبها ووضع نظام أجور ومكافآت وحوافز عادلة وتقويم أدائها.

طبيعة وظيفة إدارة الموارد البشرية: تطورت وظيفة إدارة الموارد البشرية بعدما كان دورها تقليدياً مقتصراً على القيام باستقطاب الأيدي العاملة والتعيين ودفع الأجور ومنح الإجازات حيث أخذ دورها يتسع ليصبح أكثر شمولا وتخصصاً فأصبح لإدارة الموارد البشرية دور إستراتيجي يتطلب توافر كفاءات متخصصة لممارسة العديد من المهام والمسؤوليات والواجبات الموكلة إليها فظلتْ تمارس إدارة الموارد البشرية مهام متخصصة وإستراتيجية بجانب المهام التنفيذية لها.

أهداف إدارة الموارد البشرية:

- دراسة احتياجات السوق للقوى العاملة.

- وضع الخطط الكفيلة بالمحافظة على القوى البشرية المتميزة.

- اقتراح خطط التحسين للمؤسسة من خلال استغلال القدرات البشرية المتوفرة.

- رفع التقارير الرقابية عن الأداء الوظيفي.

- وضع خطط التدريب، وبرامج التحفيز، وبرامج تطوير القدرات.

- متابعة أداء العاملين في المؤسسة ومنها مراقبة الدوام اليومي.

- متابعة وأرشفة ملفات العاملين بالمؤسسة.

الرقابة والتخطيط قصيرة الأجل:

- متابعة احتياجات أفراد المؤسسة.

- دعم تحقيقها لدعم عملية الاستقرار الوظيفي.

- تقديم المعلومات عن الموارد البشرية لطالبيها والتعريف بها.

- استقطاب واختيار الموارد البشرية القادرة على تحقيق أهداف المؤسسة.

- توفير بيئة عمل صحية آمنة.

ويتضح مما سبق أن أهداف إدارة الموارد البشرية تتجسد في تحقيق الأهداف التنظيمية وحسن استثمار الموارد البشرية ورفع كفاءتها وتفعيل السياسات الداخلية التي تعزز موقع المؤسسة الإستراتيجي بجانب إتاحة المجال للعاملين لتفجير طاقاتهم وكشف إبداعاتهم وتمكينهم من المشاركة الفاعلة وتوطين التقنية الحديثة في الأجهزة التنظيمية والمحافظة على بيئة العمل وجعلها بيئة حيوية.

كما تتعدد أهداف إدارة الموارد البشرية في المؤسسة، ويمكن النظر لهذه الأهداف من خلال دور هذه الإدارة في مستويات الإدارة كالتالي:

المستوى التشغيلي:

- تمكين المؤسسة من القيام بالاستخدام الأمثل للتطورات العملية والتقنية والمعلوماتية.

- خلق نوعية من الظروف يمكن من خلالها أن يزدهر التجديد والعمل الجماعي والجودة الشاملة.

- تكوين مناخ يتم فيه إطلاق العنان للإبداع والابتكار المستمر وطاقات العاملين.

- تطوير مجموعة من السياسات المتماسكة للعاملين والتي تعزز من إستراتيجيات التنظيم لكي تتوافق الموارد مع متطلبات العمل وتطوير الأداء.

- دمج سياسات إدارة الموارد البشرية مع خطط العمل وتعزيز ثقافة مناسبة أو إذا دعت الحاجة إعادة تشكيل ثقافة غير مناسبة.

- تدعيم الالتزام لدى الأفراد لنجاح المؤسسة من خلال التوجه لجودة أدائهم.

- استغلال أقصى طاقات العاملين وإمكانياتهم.

- تمكين الإدارة من تحقيق أهداف التنظيم من خلال قوة العمل.

برزت أهمية إدارة الموارد البشرية من خلال تبنيها لدورين هامين في فكر المؤسسات للاستغلال الأمثل للموارد البشرية في المؤسسات هما:

- زيادة الفعَّالية التنظيمية.

- إشباع حاجات الأفراد لأهداف المؤسسة.

المبادئ التي يقوم عليها هذا المدخل ومنها:

- العاملون هم الاستثمار الحقيقي إذا أُحسن إدارته وتنميته يمكن أن يحقق أهداف المؤسسة ويزيد إنتاجيتها.

- إشباع حاجات الأفراد النفسية والاقتصادية والاجتماعية.

- تهيئة وتشجيع العاملين على تنمية واستغلال مهاراتهم.

● مراعاة تحقيق التوازن بين حاجات الأفراد وأهداف المؤسسة، من خلال عملية تكاملية تساعد على تحقيق هذا التوازن الهام.

إستراتيجيات التعلم الفردي:

تهدف هذه الإستراتيجيات التعرف على احتياجات الأفراد من المعارف والمهارات والتوجهات السلوكية اللازمة لتحسين الأداء وتطويره، ثم صياغة الأنشطة والفعَّاليات المناسبة لتوفير فرص التعلم لاكتساب تلك الاحتياجات، وثمَّ تصميم الآليات التي يتم بمقتضاها ضمان نقل وتحويل الخبرات المكتسبة إلى موقع العمل.

وبذلك تضم هذه الإستراتيجيات أمرين متكاملين:

الأول: هو الفعَّاليات التدريبية التي تنقل إلى الفرد المعارف والمهارات والتوجهات السلوكية المرغوبة في العمل، وتتيح له فرصة الفهم والاستيعاب والتدرب على التطبيق في موقع التدريب، والتغلب على مقاومته لتغيير سلوكه في العمل.

الثاني: هو توفير التوجيه والإرشاد والمساندة من جانب القادة والمشرفين لمساعدة الفرد على تطبيق ما اكتسبه أثناء التدريب، والعمل معه لتجاوز الفجوة التي تفصل عادة بين التدريب وبين التطبيق الفعلي.

إستراتيجيات التعلم التنظيمي:

يقصد به أن يتم تغيير نظم وأساليب وممارسات التنظيم في جوانب مختلفة منه بناءً على الخبرة والمعرفة المكتسبة من التجارب والممارسات الحية السابقة ومن أهم عناصر التعلم التنظيمي:

● عمليات التغيير المخطط والمتناسق في النظم.

● إمكانيات تفاعل أفراد وجماعات العاملين مع النظم الجديدة.

- إعادة بناء واستخدام ذاكرة المؤسسة، والهيكل التنظيمي، وثقافة المؤسسة.

- تنمية قدرات تنظيمية أعلى في المدى الطويل.

إستراتيجية إدارة المعرفة

المعرفة هي ناتج التعلم ومن ثَمَّ تصبح جدوى التعلم أفعل إذا توفرت إستراتيجية تسمح بالاستفادة من المعرفة الجديدة ووضعها موضع التطبيق.

وتتحدد مصادر المعرفة في ثلاثة هي:

- المعرفة الكامنة والمختزنة داخل أفراد المؤسسة.

- المعرفة المعلنة للمؤسسة والمتمثلة في قواعد معلومات، إحصائيات تقارير، خبرات سابقة، تكنولوجيات.

- معرفة مستمدة من عناصر خارج المؤسسة.

والمهم التأكيد أن مجرد توفر مصادر المعرفة لا يكفي، وإنما يجب أن تتم عمليات مختلفة داخل المؤسسة لتشغيل تلك المدخلات المعرفية وتحويلها إلى أنماط معرفية قابلة للاستخدام، حيث تحاكي تلك العمليات ما يحدث في المخ الإنساني من تشغيل للمعلومات والمتغيرات المختلفة التي يتم إدراكها وصولاً منها إلى مفاهيم ومدركات ومعان لها تأثير في تحديد سلوكه الظاهر والباطن.

وتتبلور تلك العمليات التشغيلية في:

- تحويل معرفة الأفراد الكامنة إلى معرفة معلنة بإتاحة الفرص للتفاعل فيما بينها وبين عناصر السلطة والتعبير الرسمي عن سياسات ومفاهيم المؤسسة.

- فتح قنوات الاتصال لتيسير تدفق وتبادل المعرفة والمعلومات بين أجزاء ومستويات المؤسسة المختلفة.

- تنظيم عملية اختزان المعرفة الناشئة والمتجمعة من عمليات التحويل والتبادل المعرفي، وتكوين رصيد معرفي يمكن استرجاعه واستخدامه فضلاً عن تحديثه.

- تنظيم عمليات النشر والتوزيع للمعرفة الناشئة بحيث يتم إدماجها في صلب عمليات المؤسسة وبذلك تُحدِّث تأثيرها.

- تشجيع الاستخدام الفعلي التنظيمي باتخاذها معايير في التوجيه والتقييم والحكم على كفاءة الإنجاز. والنتيجة الأساسية لتلك العمليات أن تنشأ معرفة تنظيمية جديدة تكونُ الأساس في تكوين قدرات المؤسسة التنافسية.

إستراتيجية تنمية رأس المال الفكري:

يمثل رأس المال الفكري الأصول غير الملموسة التي تملكها المؤسسة. وتضم هذه الأصول العلامات التجارية المميزة لمنتجات المؤسسة والتي يدركها العملاء ويقبلون على الشراء بحافز منها، السمعة الجيدة التي تكونت نتيجة نجاح المؤسسة في خدمة عملائها وتفوقها في إشباع احتياجاتهم، والخبرات المتراكمة والتقنيات التي نجح أعضاء المؤسسة في تطويرها، براءات الاختراع، دراسات الجدوى، وقواعد المعلومات وغير ذلك من منتجات العقل الإنساني.

إستراتيجية تنمية القيادات الإدارية:

تتجه إلى تطوير قدرات وطاقات المؤسسة التنافسية من خلال تطوير أنماط القيادات الإدارية المتاحة لها. وتهتم إستراتيجية تنمية القيادات الإدارية بتأكيد الأمور التالية:

- إدراك القادة لإستراتيجيات المؤسسة وسياساتها والفلسفة الإدارية العامة التي تعتمدها في إدارة مواردها لتحقيق أهدافها.

- فهم واستيعاب مجموعات الإستراتيجيات الوظيفية المختلفة وتبين أدوارهم كعناصر فاعلة في تحقيقها.

- إدراك المنهجية الجديدة لإدارة الموارد البشرية الإستراتيجية، واستيعاب مدلولاتها بالنسبة للعمل القيادي في مختلف مواقع المؤسسة.

- متابعة وتفهم المتغيرات الحاصلة في المؤسسة وفي المناخ المحيط بها، واستيعاب معانيها بالنسبة لخطط وبرامج المؤسسة وفرص تحقيقها.

- فرز القادة الواعدين المبشرين بأداء متميز، والتركيز على تنمية قدراتهم وإلقاء الأضواء عليهم باعتبارهم ركائز التغيير والتجديد في المؤسسة.

- تهيئة الفرص لمشاركة القادة في عمليات التنمية الذاتية، وتشجيعهم على طرق أبواب المعرفة من داخل المؤسسة وخارجها، وتيسير فرص التعليم والدراسات المتخصصة للمتميزين منهم.

- تصميم مسارات التقدم الوظيفي للقادة الإداريين، وتعيين الشروط والمواصفات ومعايير التقييم لتحقيق هذا التقدم.

وتمر عملية تنمية القيادات الإدارية بمراحل ثلاث هي:

- تحليل الاحتياجات الحالية والمستقبلية من القدرات والخبرات القيادية للمديرين بالمؤسسة.

- تحليل الطاقات القيادية المتاحة والمتوقعة لفريق القيادة الإدارية بالمؤسسة.

- تصميم السياسات والخطط الملائمة لسد الفجوة بين المستويات المطلوبة من الخبرات والقدرات القيادية، وبين المستويات الفعلية المتاحة.

مبادئ بناء إستراتيجية تنمية القيادات الإدارية:

- التأكيد على شمولية المعرفة التي يتمتع بها القائد الإداري وعدم انحصاره في نطاق تخصيص معرفي ضيق (موسوعي المعرفة).

- التركيز في تنمية القيادات الإدارية على المفاهيم والأطر الفكرية وبناء النماذج،

مع تحميلهم مسؤولية البحث في إمكانيات تحويرها وتطبيقها في مواقف العمل الخاصة بهم.

- إشراك القادة الإداريين في تصميم التدخلات التدريبية، وإسناد أدوار مهمة لهم في إدارة النقاش وتبادر الآراء وعصف الأفكار والذهن من خلال تقنيات التدريب التفاعلي.
- تأكيد مفاهيم إدارة الجودة الشاملة في إستراتيجية تنمية القيادات الإدارية والتركيز على مفاهيم العمليات.
- التركيز على مفهوم "التغيير" ودور القائد الإداري كداعية للتغيير ومسؤول عن إدارة التحولات الرئيسة في المؤسسة استجابة واستثماراً للتغييرات في المناخ المحيط وتنمية قدراتهم على التعامل مع مظاهر مقاومة التغيير الكامنة في أنفسهم والتي يبديها العاملون معهم.

صفحة بيضاء - تترك فارغة

الفصل الثاني

الاتجاهات الإدارية الحديثة

المقدمة:

كل مؤسسة بحاجة إلى إدارة تزرع القيم والأخلاق وتحقق النتائج، حتى المنزل بحاجة إلى إدارة يتشارك فيه الأم والأب، وهدف كل هذه الإدارات أولاً وأخيراً هو زرع القيم والمبادئ والعمل على تماسك المجتمع، وتحقيق النتائج الاقتصادية. ومثالاً على ذلك من الواقع العربي، إذ لا يخلو وطننا العربي من النماذج الإيجابية.

والقصة أن رجلاً تم تعيينه مديراً لمؤسسة، وفي أول يوم قام بإلغاء دفتر الحضور والانصراف وأخبر الموظفين أنه يريد نتائج ولا يهمه متى يحضرون أو يذهبون المهم أن يكونوا منتجين، وقام بعرض الوضع المالي للمؤسسة وذلك بجمع جميع الموظفين من أعلاهم إلى أدناهم، أي من نائبه ورؤساء الأقسام إلى عمال النظافة والمراسلين، وقام بشرح الوضع المالي للمؤسسة بكل تفاصيله وجزئياته والمعروف أن الوضع المالي لأي مؤسسه يعتبر سر أو شيء لا يجب أن يطلع عليه الموظفون، وشرح لهم كيف يكون جهد كل واحد منهم مؤثراً بالإيجاب أو السلب على هذا الوضع المالي وبالتالي على الرواتب والمؤسسة ككل.

ويتساءل ذوو العقلية التقليدية ألا يخشى أن يستغل الموظفون هذه الثقة الزائدة؟ مَنْ يخون هذه الثقة التي أُعطيت} له فلا يستحق إلا الفصل من العمل لأنه خان الأمانة، لكن أتدرون ما نتج عن إعطاء الثقة للموظفين في المؤسسة؟ يقول المدير: اتصلت يوم الجمعة ليلاً بالمؤسسة فإذا الموظفين يعملون هناك! فأمرتهم أن يتركوا العمل ويذهبوا إلى بيوتهم ليرتاحوا أو ليؤدوا حق أهلهم فيوم الجمعة إجازة عن العمل تستغلها العائلة في التنزه، فكان ردهم بأنهم مرتاحون في العمل ولا أحد يجبرهم على أن يعملوا في يوم إجازتهم.

فالثقة هي التي تجعل الموظفين يجتهدون ويحبون عملهم، فلا أحد يحب أن يُتهم أو يلمح له بأنه غير جدير بالثقة، وللأسف فإن إداراتنا تعمل من منطلق القاعدة التي تقول: الموظف متهم حتى تثبت براءته، والموظف لا يحب العمل لذلك يجب أن نراقبه ونلوح بالعقوبات لكي ينتج ويعمل، سؤال أسأله لكل مدير يتبع هذا الأسلوب، هل ستعمل في مثل هذه البيئة كموظف عادي؟ ولمن يريد أن يزرع الثقة في بيئة مؤسسته، أفعل كما فعل ذاك المدير السابق، ألغي دفتر الحضور والغياب وحاسب الموظف على النتائج والإنتاج، لا على عدد الساعات التي حضرها وداوم فيها، وقد يكون عمل عشر ساعات ولم ينتج إلا ساعة واحدة فقط.

ومن ثَمَّ يمكن زرع الثقة في نفوس العاملين بالمؤسسة من خلال العمل على عدم وجود أسرار في المؤسسة فكل المعلومات متوفرة ومتاحة، والشرح لكل موظف كيف يكون جهده مؤثراً بالإيجاب على المؤسسة ككل. وهناك الكثير من الأفكار التي تساعدك على زرع الثقة في مؤسستك.

ففي أي مؤسسة على أي مدير يريد إنتاج وربحية عالية عليه أولاً أن يهتم بموظفيه اهتماماً حقيقياً ليستفيد ويفيد لا ليخدعهم ويجعلهم آلات للإنتاج فقط، فيوفر لهم البيئة المناسبة للإبداع والابتكار وحرية تبادل الرأي وأهم من هذا التنفيذ الفوري للاقتراحات فليس هناك قاتل للاقتراح مثل التأخير، ويحاول بقدر الإمكان

تعزيز الاتصالات المباشرة وإلغاء أشكال الاتصال الأخرى خصوصاً الورقية منها إلا للضرورة القصوى، ويلغي أي ميزات يتميز بها المدراء عن الموظفين ويكون التميز فقط بمقدار الإنتاجية، ويوفر لهم التدريب المستمر والتثقيف الدائم ولا بأس إن وفر لهم مكتبة متخصصة أو متنوعة وأتى لهم بالمدربين ليتعلموا ويتدربوا على المهارات وإن لم تكن هذه الدورات تخص العمل، ألا يستحق الموظف أن تكرمه وتعطيه الفائدة؟ وليس هناك تكريم وتقدير للموظف إلا إذا قدرت جهوده وشكرته عليها بإخلاص ووفرت له ما يحتاجه من موارد وعلمته ما يحتاجه من مهارات.

وفي خضم هذه التحولات بدأ الاهتمام بالموارد البشرية يتزايد في المؤسسات المعاصرة حيث تَبينتْ الإدارة الدور المهم الذي تقوم به تلك الموارد في المساعدة على تحقيق أهداف المؤسسات ، وقد شاع استخدام مفاهيم الإدارة الإستراتيجية في منظمات الأعمال وغيرها من المؤسسات الهادفة إلى تحقيق نتائج وأهداف محددة- ومتعاظمة- باستخدام الموارد البشرية والمادية والتقنية. ومن ثَمَّ بدأ التزاوج - وهو أمر منطقي - بين إدارة الموارد البشرية وبين الإدارة الإستراتيجية. وقبل سنوات قليلة كان الاهتمام بشئون الموارد البشرية ينحصر في عدد قليل من المتخصصين الذين يعملون في تقسيم تنظيمي متخصص يطلق عليه قسم أو إدارة الأفراد أو الموارد البشرية يختصون بكافة المسائل المتصلة باستقطاب الأفراد وتنفيذ سياسات المؤسسة في أمور المفاضلة والاختيار بين المتقدمين لشغل الوظائف، ثم إنهاء إجراءات التعيين وإسناد العمل لمن يقع عليهم الاختيار.

وأهم مساهمات إدارة الموارد البشرية هي الاستجابة إلى طلبات الإدارات المختصة بالإنتاج والخدمات الرئيسية في المؤسسة، وتوفير احتياجاتها من الموارد البشرية.

مفهوم الإدارة:

لقد اجتهد الباحثون والمعنيون في مجال الإدارة في وضع تعريف محدد لمفهوم الإدارة نظراً لسعة المعاني والدلالات لما لها ولما يتضمنه هذا المصطلح من تعددية، ومن هذه التعاريف أنها:

- تنظيم الجهود وتنسيقها واستثمارها بأقصى طاقة ممكنة للحصول على أفضل النتائج بأقل وقت وجهد.
- القدرة على الإنجاز عن طريق استخدام الإمكانيات المادية والبشرية المتاحة من أجل تحقيق أهداف معينة.
- العملية التي تدار بها مؤسسة ما في مجتمع ما وفقا لأيدلوجيته السائدة وظروفه السياسية والاقتصادية والاجتماعية في إطار مناخ تتوفر فيه علاقات إنسانية سليمة، وتوظف فيه الأدوات والأساليب العصرية.
- تنفيذ الأعمال بواسطة الآخرين عن طريق تخطيط وتوجيه مجهوداتهم ورعايتهم.
- التحديد الدقيق لما يجب على الأفراد عمله ثم التأكد من أنهم يؤدون هذا العمل بأحسن وأكفأ الطرق كما يعرفها البعض بأنها قيادة وتوجيه ومراقبة جهود مجموعة من الناس تعمل متعاونة من أجل تحقيق هدف مشترك.

ومن ثَمَّ فإن الإدارة:

- عملية تخطيطية للتعبير عن الحاجات والرغبات الملحة والضرورية للمشاكل التي تعانى منها المجموعات وهى تنبؤ بالمستقبل.
- عملية تنفيذية تسعى لتحقيق رؤية المؤسسة.
- عملية ملازمة لكل جهد جمعي.
- عملية تعاونية تؤكد على دور الفرد للإسهام في خلق روح التفاهم والتعاون وممارسة العمل الجماعي.

- تحقيق الاستخدام الأمثل للقوى المادية والبشرية.

- نشاط يتعلق بانجاز الأعمال بواسطة الآخرين من خلال تنظيم وتنسيق ومراقبة جهودهم لتحقيق الأهداف المرغوبة.

خصائص الإدارة:

في ضوء التعريفات السابقة يمكن تحديد بعض خصائص الإدارة كالتالي:

الإدارة مهنة:

الإدارة تعتبر من المهن القديمة، فقد مارس الإنسان الإدارة منذ بدء الخليقة، فالإنسان كائن اجتماعي اتصالي لا يستطيع أن يعيش بدون التواصل مع الآخرين وبخاصة في مجال العمل. والإدارة مهنة لأنها تحتاج إلى أفراد مؤهلين مهنيا.

هذا وقد توافرت للإدارة مقومات أي مهنة مثل:

- القاعدة المعرفية.

- الأهداف المحددة.

- المجتمع المهني.

- الميثاق الأخلاقي.

- التنظيمات المهنية.

- القيم المهنية.

الإدارة علم:

لم تعرف الإدارة كعلم ذي أصول وأسس ونظريات إلا خلال القرن العشرين.. ولكن هذا لا يعني أنها وليدة هذا القرن، والإدارة علم لأنها تعتمد على أساليب البحث العلمي في أغلب مجالاتها مثل التخطيط والتنظيم.

الإدارة فن:

لأنها تعتمد على الإبداع والابتكار، وعلى كيفية استخدام الذكاء في المواقف المختلفة التي يواجهها المدير، لذلك نرى أساليب مختلفة للإدارة بالرغم من أن الوظيفة واحدة أيضًا، الإدارة فن لكونها تعتمد على الموهبة والقدرة الشخصية.

كما أن الإدارة هي الأساس في أي مجتمع، بل السياسة والاقتصاد، والتنمية الاقتصادية بحاجة إلى إدارة واعية منتجة، والسياسة بحاجة إلى عقلية قيادية ومجتمع متماسك ومنتج لا مستهلك.

إذاً الأمر يبدأ وينتهي عند الإدارة، ولكي نتأكد من هذا لنسأل أنفسنا إلى أين يذهب كل شخص صباح كل يوم، المتعلم إلى مدرسته، والموظف إلى مؤسسته، العامل إلى مصنعه..... الخ.

الإدارة عملية:

أي أنها تتضمن تفاعلاً متبادلاً ومستمراً بين أطراف العملية الإدارية، وبين المستويات الإدارية وبين الإدارات والأقسام داخل المؤسسة، وبين المؤسسة والبيئة الخارجية المحيطة بها، أي أن الإدارة نشاط حركي ديناميكي منظم تجاه أهداف مخطط لها.

الإدارة عملية اجتماعية:

وهذا يعني أن هناك عدداً من الناس يشتركون في تحقيق الهدف المطلوب، وقد نشأت الإدارة عندما أصبح ضرورياً تعاون جماعة من الأفراد لأداء عمل معين.

الإدارة عملية مستمرة:

فما دام هناك مجتمع يعيش فيه أفراد لديهم احتياجات متعددة ومتنوعة ومتجددة ونسبية ولا نهائية، فإن الإدارة ستستمر في نشاطها في هذا المجتمع.

الإدارة عملية هادفة:

ظهرت الإدارة في الأصل نظراً للحاجة إليها، ونظراً لأنها وسيلة فعَّالة لتحقيق بعض أهداف المجتمع، فالإدارة مسؤولة عن توفير التعاون والتنسيق بين الموارد البشرية والمادية والمالية سواء كانت متاحة أو ممكنة، لتحقيق الأهداف المخطط لها بصورة رشيدة.

مهمة الإدارة:

تهدف الإدارة إلى:

- توفير احتياجات المؤسسة من العناصر البشرية ذات المهارة والولاء، والاحتفاظ بهم في خدمة المؤسسة.

- تنمية مهارات وفعَّاليات الأفراد في تحقيق أهداف المؤسسة بتوفير فرص التعلم والتدريب المستمرة.

- البحث الكفء عن العاملين المناسبين لاحتياجات المؤسسة، ونظم الاختيار والتعيين، ونظم تحديد الرواتب والمكافآت، ونظم التدريب والتنمية وتقييم الأداء.

- رعاية العاملين وإدماجهم في نسيج المؤسسة باعتبارهم أعضاء في أسرة ومن أصحاب المصلحة فيها.

- العمل على تنمية سبل تعاون العاملين مع فريق الإدارة بالمؤسسة وتوثيق العلاقات بينهم من أجل تحقيق الأهداف العامة للمؤسسة، ومن خلال ذلك يتم تحقيق المصالح الشخصية للعاملين وفريق الإدارة.

- تنمية التعاون فيما بين العاملين أنفسهم وبث روح الفريق.

- حل مشكلات العاملين ومحاولة إزالة الفروق الناشئة عن الاختلافات بينهم من حيث النوع، السن، الجنسية، الثقافة وغيرها من الفروق الفردية.

ولكن هذه الأهداف التي تبدو مثالية وطموحة لم تكن عادة تجد الفرص للتحقيق حيث لم تكن الإدارة العليا في معظم المؤسسات تولي الموارد البشرية الاهتمام المتناسب مع دورها في المؤسسة.

ولعل ما يلي هي أهم الأسباب التي حالت بين الإدارة العليا وبين الاهتمام بأمور الموارد البشرية في كثير من المؤسسات في دول العالم:

- حالات الاستقرار الاقتصادي النسبية والنمو المتواصل في الكثير من المؤسسات دون مشكلات كبيرة.
- المستويات المعتادة من المنافسة، وتعادل المراكز والقدرات التنافسية لكثير من المؤسسات.
- حالات الاستقرار التقني النسبية وتواضع المهارات والقدرات البشرية المطلوبة للتعامل مع التقنيات السائدة.
- توفر الموارد البشرية ذات القدرات العادية والمتناسبة مع احتياجات المؤسسات.

وبالنسبة للمؤسسات الحكومية في كثير من دول العالم، فقد كانت تسير وفي نظم تقليدية تتعامل مع الموارد البشرية باعتبارهم أدوات في النظام البيروقراطي الذي يركز على كفاءة العمليات، واستكمال النماذج والمستندات، ويُخضعُ العاملين لنظم ولوائح وإجراءات لأداء المهام المنوطة إليهم لا تترك لهم مساحة تذكر للتفكير أو الإبداع أو حرية إتخاذ القرارات، فهم آلات تؤدي مهام حسب القواعد.

وبذلك لم تكن الإدارة العليا في تلك المؤسسات الحكومية معنية هي الأخرى بقضايا إدارة الموارد البشرية وإحالتها بالكامل إلى مستويات تالية من الموظفين المتخصصين في أمور تطبيق القوانين والنظم المتصلة بشئون الأفراد.

القدرة المؤسسية:

والسؤال الآن كيف تدار مؤسساتنا؟ هل تدار برؤية المستقبل وتحدياته أم أن هناك أسلوبا أخر تدار به لمصلحة قصيرة الأجل تجعل من تحسين الأداء عبئا؟

فلابد من اختصار الأنماط الإدارية المختلفة والتي يمكن أن تدار من خلالها أي مؤسسة، والإدارة بصفة عامة هي واحدة من ستة عناصر هامة في الكيان الإداري وهى:

- سوق العمل بالنسبة للخريجين.

- التقنية المطلوبة لإعداد الخريجين.

- الجهاز التنفيذي.

- رأس المال لتمويل لعملية الإنتاج في جوانبها.

- التنظيم الإداري الذي يربط ما بين العناصر السابقة.

والجهاز الإداري هو المسؤول عن وضع رؤية ورسالة المؤسسة موضع التنفيذ من خلال صياغة واضحة ومعلنة، ومبادئ إرشادية تنقح الأنظمة للحفاظ على التراث الثقافي وتطوير المهارات التقنية ومهارات الاتصال والتفاعل الإنساني.

مهارات الإدارة:

تتطلب الإدارة ثلاث مهارات لممارستها، وهى كالتالي:

مهارات فكرية:

وهى ما يطلق عليها بالمهارات الإدارية أو المهارات الإدراكية، ويقصد بها القدرة على التفكير المنطقي المرتب، وتصور الأمور ورؤية الأبعاد الكاملة لأي مشكلة ما، وتحديد العلاقات بين المتغيرات المختلفة، ومن أمثلة المهارات الفكرية نذكر: مهارات التخطيط، مهارة تحليل المشكلات، مهارة القيادة، مهارة الإقناع، مهارات التفاوض، مهارة إتخاذ القرارات.

مهارات إنسانية:

المهارات الإنسانية أو ما يطلق عليها في كتابات أخرى بمهارات الاتصال والتعامل مع الآخرين، ويقصد بها القدرة على التعامل الفعَّال الناجح مع الآخرين (مع زملاء ومع المرؤوسين ومع الرؤساء ومع العملاء)، ومن أمثلة المهارات الإنسانية نذكر: مهارات الاتصال مع الآخرين ومنها مهارة الاتصال اللفظي (الشفهي والمكتوب) ومهارة الاتصال غير اللفظي (لغة الجسم)، مهارة كسب الآخرين وكسب احترامهم.

مهارات فنية:

يقصد بالمهارات الفنية القدرة على القيام بالعمل المطلوب بالشكل السليم، ومعرفة تسلسل هذا العمل وخطواته، والإجراءات اللازمة للقيام بالعمل المطلوب، ومن أمثلة المهارات الفنية نذكر: مهارة رصد وتحليل البيانات، مهارة استخدام الحاسب الآلي، مهارة كتابة التقارير، مهارات العرض والتقديم، مهارة وضع ميزانية.

الأنماط الإدارية:

هناك أنماط إدارية متعددة ولكننا نركز هنا على أربعة أنماط أساسية منهما نمطين تقليدين وآخرين عصريين نتطلع إليهما في المستقبل. وفيما يلي سرد لهذه الأنماط وبعض أوجه القصور وكيفية التغلب عليها.

الإدارة بالأهداف:

أسلوب عمل يستند إلى سلسلة من الخطوات بحيث تقوم الإدارة والعاملون في تحديد الأهداف بشكل مشترك وكذلك في تحديد الإنجاز المتوقع ومعايير تقييم الأداء.

تقوم فلسفة الإدارة بالأهداف على مبدأ المشاركة بوضع أهداف التنظيم أو جزء منها لتحقيق كفاءة اكبر من خلال تحفيز ودفع الموظفين.

تستند نظرية الإدارة بالأهداف إلى المنطلقات التالية:

- الهدف محدد ومُوجه للسلوك الإنساني.
- يشكل معايير يمكن على ضوئها تقييم أداء الفرد.
- يُوجِّه الأنشطة والمسارات والموارد والجهد الجماعي.
- أهداف الفرد في المؤسسة تعكس رغبات وتوقعات لديه.

في هذه الإدارة يقسم الهدف الإستراتيجي في رسالة المؤسسة إلى عدد من الأهداف التي توزع على المدراء، ثم يُقسم كل هدف إجرائي إلى عدة أهداف صغيرة تُوزع على رؤساء الأقسام. بعد ذلك يُقسِّم كل رئيس قسم هدفه الصغير إلى مهام وأدوار يوزعها على مرؤوسيه في شكل خطط بسيطة قابلة للتحقيق.

وهنا تتعدد الأهداف وطريقة الأداء تبعاً لتعدد المستويات الإدارية والتنفيذية، ومن الطبيعي أن يحدث تنمية الموارد البشرية بهدف خدمة المجتمع في جوانبه الاقتصادية والاجتماعية والثقافية والسياسية. وتتطلب كل هذه الجوانب مهارات تقنية ومهارات للعلاقات الإنسانية.

ويُلاحظ أن تفتيت الأهداف هو سر فشلها كمنهج إداري، ويكمن الفشل الحقيقي في عدم وضوح الرؤية على كافة المستويات، ولا يقصد بالرؤية هنا أن ننظر للأشياء المرئية، ولكن نقصد بها البصيرة التي ترى ما لا يمكن إبصاره (التفكير الإستراتيجي التباعدي)، وينطبق ذلك على المستقبل الذي لا يمكن إبصاره ولكن يمكن استبصاره.

لم يعد أسلوب الجزرة والعصا المستخدم في الإدارة بالأهداف الأسلوب الأمثل لتحفيز قوى العمل حيث أن أفضل مناهج التحفيز هو التمكن وأفضل مناهج التمكن الإدارة بالرؤية المشتركة تنمى الوعي بأسباب العمل وتَمكنُ الإدارة من الحصول على تغذية مرتدة سريعة.

الإدارة بالأساليب:

في هذا النمط، يهتم الجهاز الإداري بالأساليب على حساب الأهداف ويغلب الشكل على المضمون بشكل يجمل القبيح ويخفى المشاكل رغم وجودها، وقد تصل درجة الاهتمام بالشكل إلى التضليل وإخفاء الحقائق.

كما يتحول الجهاز التنفيذي إلى جهاز خدمي يخدم أهداف الإدارة العليا دون النظر إلى أهداف المؤسسة. فعلى سبيل المثال تُعقد العديد من المؤتمرات العلمية التي لا يتمخض كثير منها إلا عن جلسة افتتاحية صاخبة تحضرها بعض الشخصيات الهامة وتستحوذ على اهتمام أجهزة الإعلام المختلفة دون التركيز الموضوعي والأكاديمي على مضمون المؤتمر وأهمية موضوعاته، ودون أي متابعة لتوصياته. وعليه فتصبح بعض هذه المؤتمرات غاية وليست وسيلة بالأساليب على حساب الأهداف والرؤى وتكلفنا الكثير من الجهد والمال.

الإدارة بالرؤية المشتركة:

أسلوب إداري بسيط في متطلباته عميق في آثاره. والإدارة بالرؤية، يتم فيها الاهتمام بالوسائل والأهداف بشكل شمولي بحيث تنتقل رؤية المؤسسة إلى عقل وضمير ووجدان القائمين على رسالتها على اختلاف مستوياتهم التنفيذية والإدارية.

والإدارة بالرؤية ليست تنازلا عن السلطة ولكنها مشاركة في استخدام الأدوات وتسلم الأدوار للوصول إلى هدف يراه الجميع واضحاً - هدف ليس مقسماً إنما كلها أهداف تكتيكية إجرائية إذا لم تخدم الهدف الإستراتيجي أصبحت مضيعة للوقت والمال والجهد وأصبحت وسيلتها غاية وغايتها وسيلة.

والإدارة بالرؤية تحول كل القائمين على العمل إلى شركاء يعرف كل منهم الإستراتيجية الحالية والمستقبلية، ولكل منهم مهارة التعبير عن آرائه الشخصية وتقبل آراء الآخرين ونقدهم كما لا يجب أن يلهى القائمين على العمل اهتمامهم بتفاصيل

أدوارهم عن بعد النظر ورؤية الهدف الإستراتيجي أو أن تمنعهم وحدة الهدف عن مهارة ومرونة التحول عند الضرورة، ولكن كيف يتم هذا التحول؟

مزايا الإدارة بالرؤية:

يحمل منهج الإدارة بالرؤية في ثناياه عوامل بقائه واستمراره فتأتي مقاومة المنهج من الذين يشعرون أنهم مهددون بفقدان مكانتهم الوظيفية. أو الذين يتوقعون مزيداً من الضغوط على أدائهم الحالي، وكذلك لا يرون في المنهج أية فرصة لترقيتهم وظيفياً أو مالياً، وقد تأتي هذه المقاومة أيضًا من بعض المديرين أصحاب الفلسفة البيروقراطية. كل هؤلاء عادة ما يكونون غير متفهمين لمنهج الإدارة على المكشوف، لذلك يمكن العلاج الصحيح في توعيتهم بمزايا هذا المنهج والتي يتلخص بعضها فيما يلي:

- أن يهتم العاملون ومعاونوهم، شأنهم شأن الإدارة العليا، بنجاح مؤسستهم وأساليب تطوير الأداء بها وجودته، وعليه لا ينتظرون أحدا ليشخص لهم المشاكل أو يضع لهم الخطط العلاجية، ويقدم لهم الحلول حيث تصبح هذه المهام من مسئوليات وواجبات أعمالهم التي يؤدونها بوعي تام من تلقاء ذاتهم.

- يكون كل عضو في المؤسسة خبيرا بالأرقام، وان يفهم لغة الخبراء وبالتالي يصبح أكثر قدرة على تنفيذ الخطة الإجرائية السنوية المستهدفة في تكامل مع الخطة الإستراتيجية الشاملة.

- تخاطب جميع المستويات الإدارية والتنفيذية فهي تحقق التكامل والترابط في النسيج المؤسسي مما يحقق وحدة الصف والهدف. ووجود رؤية مشتركة للجهازين التنفيذي والإداري تنمي أسلوب الرقابة الذاتية، وعندما تسود هذه الرؤية فان الجميع يتمتعون بحرية التجريب واكتشاف الجديد، وعندما يثابون على استخدام عقولهم يتحول الالتزام إلى إتقان ويتسامى الإخلاص إلى أعلى درجاته وأعظم صورة من الولاء والانتماء للمؤسسة والوطن الأم.

- وتحرر الإدارة بالرؤية المشتركة القائمين على الأعمال من عقدة الخوف من الخطأ والفشل. وبذلك تحرر طاقاتهم الإبداعية وقدراتهم الخلاقة. وهنا تكمن أهمية الإدارة بالرؤية، حيث تساعد على صياغة المناخ المناسب للابتكار والإبداع الذي يشكل مفردات لغة المستقبل.
- ينمى منهج الإدارة بالرؤية روح الولاء والالتزام التي تحفز إخلاص العاملين في تأدية وظائفهم ورغبتهم الصادقة في النجاح.
- يعالج أزمة الثقة المتعلقة بحجب المعلومات بين العاملين والقيادة. وعندما يثق القائمون على العمل في الإدارة، يقل التوتر والصراع المخفضان للإنتاجية، وعندما تثق الإدارة في القائمين على تحقيق الرسالة، خاصة البعد الذي ينمى قيمة وثقافة الديمقراطية في الأجيال المقبلة من خلال القدوة داخل المؤسسة.
- تخلق الإدارة بالرؤية بيئة عمل يسودها المناخ الديمقراطي الذي لم يصبح خياراً مطروحاً للمستقبل ولكنه أصبح ضرورة حيوية لرؤية هذا المستقبل. وذلك لأن تصوير الواقع بأكثر من منظار وأكثر من زاوية لمن أفضل أساليب إلقاء الضوء على المستقبل، وبالطبع لا يمكن تحديد الأهداف بدقة دون رؤية مستقبلية دقيقة، وفي ذلك نصف المعالجة.

كما يعمل على إسقاط الحواجز المعنوية بين الجهازين التنفيذي والإداري، وذلك يرفع من مستوى وكفاءة عملية الاتصال التي تعتبر الجهاز العصبي في مؤسساتنا. وأن الحواجز المعنوية قد تخفى وراءها أشكالا أخرى من الحواجز التي قد تفيد في انضباط الشكل دون الوصول إلى عمق مضمونها.

وتعنى الإدارة بالرؤية المشتركة التفويض والتمكن في أعلى صورهما وعليه فهي تعمل على مستويين:

- محاولة الاستفادة من الإمكانات القائمة للأفراد.

- العمل على إخراج وتوليد الطاقات الكامنة داخل الأفراد.

وفي ذلك يتميز هذا الأسلوب عن الأساليب الإدارية الأخرى، بما في ذلك أسلوب الإدارة بالأهداف والذي يركز فقط على المستوى الأول. ويجب أن ندرك هنا أن أسلوب الجزرة والعصا المتبع في منهج الإدارة بالأهداف أسلوب منقوص للتحفيز حيث لا يفيد التحفيز المادي الذي يفتقر إلى التحفيز المعنوي، فالإنسان مخلوق عاطفي تسعده كلمات التقدير والامتنان حينما يحقق انجازا أو أداء متميزا.

الإدارة المرئية:

يعتبر هذا النمط الإداري وليد التجربة اليابانية ونرى زيادة أهميته في دول العالم النامي والتي تزداد فيها درجات التشويش المؤسسي. وهناك أسباب متعددة للتشويش في المؤسسات نرى أهمية تحليلها حتى نستطيع تلافيها وتأدية تحقيق رؤية ورسالة المؤسسة دون اللجوء إلى جراحات التجميل أو أساليب التضليل.

وفيما يلي بعض الأسباب التي قد يقع عليها إهدار شفافية العمل في محاوره المتعددة:

- تحول مفهوم الولاء إلى بعض أشكال النفاق التي تهدف إلى إرضاء القيادات، حتى وان استدعى ذلك ادعاء مثالية الأداء ومحاولة تضليل الرؤساء.

- تطرف أحكام المؤسسة في الشخصيات القيادية والعامة وتحميلها مسؤولية كل الأخطاء مما يتسبب في قتل روح المخاطرة والابتكار.

- عدم دقة اختيار بعض القيادات. وعليه فقد تُسرِّب إلى مسيرة العمل قيادات تغيب عنها المصداقية وتحاول الاحتفاظ بمواقعها بكل الأساليب عملا بميثاق "الغاية تبرر الوسيلة" ومن هنا تجئ شدة التمسك بالمنصب على حساب المصلحة العامة وجدية الأداء.

- تعدد وتداخل الجهات الرقابية ونفاذ بعض نشاطاتها إلى عمق المؤسسات والمصالح الحكومية، وبذلك أصبح الخوف ثقافة للعمل المؤسسي، وكلنا يعلم أن الخوف والتضليل وجهان لعملة واحدة.

- تمسك القيادات بمواقعها أصبح من دواعي الحماية، خاصة وقد انتشرت ثقافة البحث في سلبيات وتجاوزات القيادات السابقة ومحاولة النيل منها.

- انشغال بعض القيادات بإدارة الأعمال الورقية والمكتبية وانفصالها عن أرض الواقع ووقوعها فريسة للخداع المؤسسي الذي غالباً ما يبدأ من القاعدة والمقربين.

- انتشار ظاهرة العنف الإداري التي قد تجبر القيادات الوسيطة على إخفاء الحقائق أو تلوينها.

- عدم جدية العمل ونقص المعلومات ونمو مراكز القوى وتغليب المصالح الشخصية على آليات التقييم والمحاسبة وسوء استغلال المناخ السياسي.

- الاعتماد بصفة مطلقة على الإحصاءات والتقارير في تقييم العمل المؤسسي والقائمين على تنفيذه وإدارته. ولا يغيب عنا أن التقييم بالتقارير لا يخلو من العامل الشخصي. الذي تكمن خطورته في التعيين للمناصب الإدارية العليا.

حيث يقع التركيز على الايجابيات والمبالغة في أبعادها. وإخفاء السلبيات وعدم الاستفادة من فرضها ضمن آليات هذا التحول الشاذ. وهنا يجب أن تسأل القيادات المؤسسية نفسها هذا السؤال: هل أقوم بتنمية الثروات البشرية وتحقيق رسالة المؤسسة، أم أستغل الآخرين في أحلامي الشخصية على حساب الرسالة والقائمين عليها؟

- والإدارة المرئية أسلوب إداري معروف، ويعتبر من أهم أسباب نجاح التجربة اليابانية، وهى كلمات بسيطة تعنى إدارة المشكلة من المكان حتى يمكن إدارة الزمان بالدقة والسرعة المناسبين للتخلص من جذور هذه المشكلة والعمل على

منع تكرارها في المستقبل، وعليه فهو أسلوب مستمر يستمد قيمته من أرض الواقع. وبهذا الشكل تكتمل عناصر الإدارة وهى:

- التخطيط.
- التنفيذ.
- المتابعة.
- التطوير.

وحتى تثمر نتيجة تكامل هذه العناصر فلابد من التمسك بثلاث إستراتيجيات أساسية وترجمتها إلى خمس خطوات تنفيذية.

إستراتيجيات الإدارة المرئية:

ليست الإدارة المرئية أسلوباً لإدارة الأزمات ولكنها منهاج عمل مستمر لإدارة الأحداث اليومية في مكانها وزمانها. ويستمد النمط الإداري قيمته من الواقعية وشفافية العلاقات الرأسية والأفقية في أركان العمل المؤسسي. وعليه فهو احد التحديات الهامة لإدارة المستقبل من أرض الواقع. ولا يمكن أن تتوفر الشفافية المطلوبة للإدارة إذا طبقت ثلاث إستراتيجيات هامة يمكن تلخيصا فيما يلي:

وضع لائحة داخلية:

تكون بمثابة قواعد واضحة تخدم رؤية ورسالة المؤسسة بالطريقة المثلى. كما يجب إلا تكون هذه القواعد جامدة حتى يمكن تطويرها وتعديلها لتصبح بسيطة وفعَّالة وتواكب ثقافة السرعة التي تصف النظام العالمي الجديد. وتشمل تحديد المهام وطرق ومعايير قياس الأداء وأساليب المراجعة والتقييم من خلال دراسة موضوعية ومنهج علمي بسيط وواضح.

التطهير:

إستراتيجية هامة تستوجب النزول إلى أرض الواقع(الميدان) لتقييم المؤسسة ذاتياً وتحديد فجوات الأداء وأسبابها بدقة حتى يمكن توصيف علاجها المناسب ووضع خطط لتحسين الأداء في ضوء معايير محددة. وبالطبع قد يكون ضمن أساليب العلاج إبعاد بعض الشخصيات التي تعوق مسيرة العمل، ولا يقف التطهير عند هذا الحد، بل يجب أن يمتد إلى الأدوات والأساليب والسياسات المختلفة.

ورغم أن التغيير وسيلة للتطهير خاصة بعد الأزمات والكوارث إلا أنه أهم وسيلة للتطوير المستمر، وعليه فيجب أن يكون التغيير أحد القيم الثقافية اللازمة لمواجهة تحديات المستقبل. والإدارة من موقع الأحداث تهدف إلى التحسين المستمر، وعليه فهي إدارة الحاضر لاكتشاف أوجه القصور، وإدارة المستقبل لتطوير الأداء.

ترشيد الاستهلاك:

تهدف هذه الإستراتيجية إلى إدخال قيمة السرعة في ثقافة المؤسسة. وهناك أشكال كثيرة لإهدار الثروات المادية والبشرية، رغم ندرتها وقد يكون الهدر بهدف وضع المؤسسة في خدمة الإدارة. كذلك فان هناك عنفاً رقابياً على سير حركة العمل الإداري لا يجنى العاملون من ورائه إلا الخوف والشك والتردد والتباطؤ والتعقيد والتعطيل.

قد يصل الهدر في الوقت إلى إتخاذ بعض القرارات الروتينية في عدة شهور مما يعطل سير العمل داخل المؤسسة ومصالح العاملين بها، ويدفع إلى بعض أشكال الفساد والنفاق الإداري. ويستوجب القضاء على الهدر وضع الحدود بين الأساليب والأهداف والتأكيد على مفهوم الإدارة في خدمة المؤسسة ومشاركة الآخرين رؤية المستقبل.

ويقتضى تطبيق إستراتيجيات الإدارة المرئية من موقع الأحداث ضرورة اتباع عدة خطوات أساسية يمكن تلخيصها فبما يلي:

- النزول إلى موقع الأحداث بصفة متكررة ومفاجئة، مع سرعة وأهمية التواجد في هذه المواقع عند ظهور أي مشكلة.

- الاهتمام بكل عناصر الموقع مع استخدام أساليب التفكير الجانبية والمعكوسة بالإضافة إلى الأساليب التقليدية وذلك للوصول إلى جذور المشكلة ووضع بدائل غير تقليدية لحلولها.

- إتخاذ الإجراءات الوقائية والفورية والتي غالباً ما تكون إسعافية لوقف النزيف لكن لا يجب أن يمنعنا زوال العرض من متابعة واحتواء المرض.

- البحث عن الأسباب الحقيقية وأهميتها النسبية في خلق المشكلة. كما يجب إدخال سياسة نوادي التفكير المتعددة وآليات القدح الذهني للوصول إلى أفضل سيناريوهات التشخيص ووضع خطط التحسين والعلاج.

- وضع الحلول المناسبة لفجوة الأداء، وتجنب تكرارها في المستقبل.

الفصل الثالث

المرتبات

نفس الوظيفة في نفس المؤسسة يتم دفع أجور مختلفة لشاغليها؟! كيف يتم إتخاذ هذه القرارات ومن المسؤول عن اتخاذها؟! ما الذي سيترتب وينعكس على كل من الموظف وصاحب العمل من جراء ذلك؟

تعريف المرتبات:

تشير إلى جميع أشكال التعويضات المادية والخدمات والفوائد التي يحصل عليها الموظف من المؤسسة مقابل الجهد الذي يبذله الشخص في العمل واستغلاله لكافة طاقاته وإمكانياته والقيام بالمهام والمسؤوليات المنوطة بالوظيفة إسهاما منه في تحقيق أهداف المؤسسة. وبشكل عام يمكن القول أن مرجع دفع المرتبات يكون على أساس وحدة الزمن أو على أساس كمية الإنتاج.

وتلعب المرتبات دوراً أساسياً في حياة الأفراد والمؤسسات وكذلك دوراً مهماً في تحسين مستوى الأداء ورفع الكفاءة الإنتاجية للموظفين حيث تعد الرواتب الوسيلة الأساسية لإشباع رغبات الموظفين المتعددة. ومن شروط تحسين الأداء هو

عدالة المرتبات والتي تتمثل في أن يحصل الموظفون على رواتب تتناسب مع ما يقدمونه للمؤسسة من إمكانيات وقدرات ومهارات وخبرات.

ومن خلال ما تقدم تبرز أهمية وضع أنظمة أجور عادلة للموظفين. ومن الطرق الأساسية في تحديد معدل المرتب الذي يتناسب مع طبيعة العمل ومحدداته بناءً على الوصف والمواصفات الوظيفية وهو ما يسمى بتقييم الوظائف.

أهمية المرتبات:

- تشجيع العاملين وتحفزهم لمزيد من الأداء والإنتاجية.
- تساعد على تخفيف حدة الإضراب والتوتر النفسي من خلال تعويضهم.
- تُمثِّل المرتبات العائد الوحيد الملموس والممكن قياسه لتوظيف العاملين لكافة إمكانياتهم في العمل.

أهداف المرتبات:

- جذب أفضل العناصر إلى المؤسسة.
- الحفاظ على أفضل العناصر البشرية المتوفرة في المؤسسة.
- تحفيز ودفع العاملين لأفضل مستوى من الأداء.

العوامل المؤثرة في تحديد مستوى المرتب:

تلعب العديد من العوامل دوراً أساسياً ومباشراً في تحديد مستوى المرتب في أي مؤسسة ولأي وظيفة، ومن أهم تلك العوامل.

الإنجاز:

يُقصد به مستوى الأداء المطلوب من الفرد في الوظيفة التي يشغلها طبقا للمهام والواجبات والصلاحيات المنوطة به. ويشمل كذلك مدى الإنتاج الذي تم تحقيقه

حيث أن الإنجاز ومستوى المرتب يتناسبان تناسباً طردياً فكلما زاد الإنجاز يفترض زيادة في مستوى المرتب المتوقع.

الجهد:

يُقصد به الجهد العقلي أو الجهد الجسدي المطلوب ، ويختلف هذا من وظيفة إلى أخرى علماً أن العلاقة بين الجهد المطلوب بنوعيه يتناسب تناسباً طردياً مع مستوى المرتب المتوقع.

الخبرة:

يُقصد بها الأقدمية أي عدد السنوات التي أمضاها الفرد سواء في الوظيفة أو في المؤسسة، حيث تعتبر بعض المؤسسات الأقدمية أحد العوامل المؤثرة في مستوى المرتب وبالتالي زيادة راتب الموظف الأقدم في العمل عن زملائه من نفس المستوى الوظيفي.

المؤهل العلمي:

تختلف المواصفات الوظيفية المطلوبة من وظيفة لأخرى فبعض الوظائف تتطلب درجة علمية مثل البكالوريوس لتمكن الشخص من القيام بعمله والبعض الأخر يتطلب درجة الماجستير أو الدكتوراه، وهكذا فان الدرجة العلمية المطلوبة للوظيفة لتمكن الموظف من القيام بالوظيفة بشكل فعَّال تتناسب تناسباً طردياً مع مستوى المرتبات.

صعوبة العمل:

تختلف درجة صعوبة العمل من وظيفة إلى أخرى فهناك الأعمال الشاقة والأعمال السهلة فكلما كانت الأعمال أصعب كان المرتب المتوقع أعلى.

قدرة المؤسسة المالية:

توفير الموارد المالية في المؤسسة سبب رئيسي لتحديد مستوى المرتبات في المؤسسة والقدرة على الاستمرار في دفعها. وكلما كانت الأرباح مرتفعة كان الوضع المالي أفضل وبالتالي فان إمكانية دفع أجور منافسة تكون أعلى.

مستويات المرتبات في سوق العمل:

معرفة مستويات المرتبات السائدة في السوق مهمة جداً للمؤسسة من عدة جوانب وخاصة في عملية استقطاب الكفاءات والمحافظة عليها داخل المؤسسة، لذا لابد من التعرف على معرفة مستويات المرتبات السائدة في السوق قبل تحديد مستوى المرتبات لديها.

معدل التضخم السائد:

يُقصد به جدول الأسعار السائدة في السوق والذي يعكس مستوى الأسعار الحالية ومعدل الارتفاع الذي طرأ عليها مقارنة مع سنوات سابقة. وكلما ارتفع معدل التضخم بنسبة مئوية يعني ذلك ارتفاع سعر السلع والخدمات بنسب مختلفة. فيجب أن يرتبط تحديد مستوى المرتبات بمعدل التضخم.

نظرية عدالة المرتبات:

تشير هذه النظرية أن الأفراد تحركهم رغبتهم لأن يُعاملوا بالعدل في علاقاتهم الوظيفية. وترى أيضًا أن الدافعية تفعل فعلها عندما يقارن الإنسان نسبة مدخلاته إلى مخرجاته مع نسبة مدخلات الآخرين ومخرجاتهم ومقارنتهم بنفسه.

وهناك أربعة مفاهيم لهذه النظرية:

- **الإنسان:** هو الفرد الذي تصيبه العدالة أو يمسه الظلم.
- **المقارنة:** يقوم الشخص بمقارنة نفسه بفرد أو بمجموعة من الأفراد الذين يقومون

- بنفس المهام التي يقوم بها وقد يكونوا جيرانه أو أصدقاءه أو زملاءه أو أن يقارن الشخص نفسه بالنظام والذي يشتمل على سياسات المرتبات وسياسات الإدارة.

- **المدخلات**: يُقصد بها الخصائص التي يحملها الشخص إلى العمل مثل المهارات والخبرات والمؤهلات العلمية والعمر.

- **المخرجات**: هي العائدات التي يتلقاها الشخص من عمله مثل الراتب.

تقييم الوظائف:

تعريفه:

يُقصد به الوسيلة العملية والموضوعية لتحديد القيمة النسبية لأي وظيفة في المؤسسة بغرض تحديد أجر عادل للوظيفة. حيث يتم الربط هنا بين معدل المرتبات التي يحصل عليها العاملون وبين حجم مساهمة الموظفين في تحقيق أهداف المؤسسة.

مزايا تقييم الوظائف:

- يضع الأسس لتحديد النسب المالية لجميع الوظائف في المؤسسة وبالتالي تحديد القيمة الحالية لكل وظيفة على حده.

- يساهم في تفسير وتوضيح أسباب الاختلافات العادلة في المرتبات والرواتب بين جميع الوظائف.

- يساهم في إيجاد نظام متكامل يساعد على إيجاد وظائف جديدة بدون إحداث خلل في هيكل المرتبات.

- يساعد تقييم الوظائف على توفير المعلومات لمتخذي القرارات في التدريب والاختيار.

- يساعد في وضع سياسة طويلة المدى خاصة بالرواتب والمرتبات.

- يساعد في تقييم الوظائف على الاكتشاف المسبق لأي اختلاف أو تعارض في معدل المرتبات أو في القيم النسبية للوظائف.

- يساعد على تخفيف معدل دوران العمل وفي رفع الروح المعنوية لدى الموظفين.
- يسهل إجراء مقارنة واقعية بين هيكل المرتبات في المؤسسة ومقارنتها مع الهياكل الأخرى في منظمات متشابهة.

فعَّالية تقييم الوظائف:

هناك عدة أمور يجب أن تؤخذ في الاعتبار حتى يتم استخدام تقييم الوظائف بشكل فعَّال ومن أهمها:

- مشاركة الموظف الذي سيتم تقييم وظيفته التي يشغلها مما يساعد في تقبله واقتناعه بهذه العملية.
- تكوين فريق (قيادة التطوير) يقيّم الوظائف المختلفة، على أن:
- يكون جميع الأعضاء عارفين بطبيعة الوظيفة والمهام والأدوار بشكل جيد.
- يتم تقييم الوظيفة من خلال الوصف الوظيفي والمواصفات الوظيفية. والتأكد من صحة ومصداقية الوصف الوظيفي المتوفر عن الوظيفة المراد تقييمها هذا ويمكن تقسيم الوصف الوظيفي إلى عدة عناصر مثل الجانب الفني والإداري والكتابي والتطبيقي.
- اختيار طريقة التقييم وتحديد العناصر التي سيتم تقييم الوظيفة عليها.
- تحديد معايير التقييم القياسية، التي سيتم استخدامها في تقييم الوظيفة ومن أكثر مجالات التقييم:

- الدرجة العلمية.
- الخبرة العملية.
- المسؤولية
- المعرفة بالوظيفة
- مخاطر وظروف العمل.

طرق تقييم الوظائف:

بعد أن يتم تحديد عوامل (عناصر) التقييم التي سيتم استخدامها تبدأ مرحلة التقييم ويمكن تقسيم طرق تقييم الوظائف إلى قسمين رئيسين هما:

1- الطرق غير الكمية.

2- الطرق الكمية

1- الطرق غير الكمية.

طريقة الترتيب.

يتم استخدام هذه الطريقة في المؤسسات الصغيرة والسهلة ويتم ترتيب الوظائف تصاعدياً أي من السهل إلى الأكثر صعوبة وأهمية. حيث لا يتم تجزئة الوظيفة إلى عناصرها بل يتم مقارنتها مع الوظائف الأخرى على هذا الأساس وتستخدم هذه الطريقة بالمؤسسات ذات الأعمال المحدودة.

ثم يتم بهذه الطريقة جمع عدد من الوظائف تحت فئة واحدة ثم يتم ترتيب هذه الوظائف حسب درجة الأهمية والصعوبة كالتالي:

- توفير معلومات تفصيلية من خلال تحليل الوظائف بحيث تعكس تلك المعلومات ومواصفات تفصليه لكل وظيفة.
- تحديد المعايير التي سوف يتم على أساسها ترتيب الوظائف.
- القيام بترتيب الوظائف حسب الأهمية وذلك من خلال مقارنتها ببعضها بعضاً وهناك أسلوبان يمكن إتباعهما في الترتيب:

طريقة الترتيب البسيط:

أساس هذه الطريقة هو وجود بطاقة لكل وظيفة حيث يدون فيها كافة المعلومات التفصيلة الخاصة بها ومن ثَمَّ يتم ترتيب كافة تلك البطاقات تصاعدياً (من أسفل إلى أعلى) حسب الأهمية.

يتم اتباع هذا الأسلوب عندما تكون عدد الوظائف محدوداً ويتم استخدام الأسلوب الأخر في حالة ارتفاع عدد الوظائف.

أسلوب المقارنة الزوجية:

يقوم هذا الأسلوب على مقارنة الوظيفة الواحدة بكل وظيفة أخرى يراد تقييمها. وذلك بمقارنة كل وظيفتين معاً على مرات متتالية وليس على مرة واحدة كما هو الحال في الترتيب البسيط بحيث يتم مقارنة المعلومات التفصيلية الخاصة بوصف كل وظيفة ومواصفاتها مثل التعليم والخبرة والمهارة ومدى خطورة وظروف العمل.

وبالتالي يستطيع المقيّم ترتيب هذه الوظائف حسب الأهمية والصعوبة. حيث يتم مقارنة كل وظيفة بالوظائف الأخرى ومن ثَمَّ يتم تجميع هذه الجداول ووضعها بجدول واحد لجميع وظائف المؤسسة.

طريقة التدرج الوظيفي:

تقوم هذه الطريقة أساساً على تحديد الدرجات ووصفها وتحديد معايير انتماء الوظائف إليها. بحيث تُمثِّل كل درجة منها مجموعة من الوظائف المتشابهة في الواجبات والمسؤوليات. وتسمى هذه الطريقة بطريقة التصنيف أحياناً والدرجة هنا تسمى الفئة الوظيفية.

عوامل تحديد الدرجات:

- مدى تباين القدرات والمهارات المطلوبة لكل وظيفة.

- حدود المرتب في الوظيفة الداخلة في الدرجة فكلما اتسعت هذه الحدود قل عدد الدرجات.

- سياسة الترقية في المؤسسة إلى أعلى حسب مستوى الأداء وعدد سنوات الخبرة.

خطوات تقييم الوظائف:

- تحليل كافة الوظائف في المؤسسة.
- وضع مقياس لكل مجموعة من الفئات الوظيفية وان لا يتم وضع مقياس واحد لجميع هذه الفئات. ومن ثَمَّ يتم تقسيم المقياس إلى درجات.
- تحديد عدد الدرجات (المجموعات الوظيفية) ووضع وصف دقيق لكل درجة على أساس الواجبات والمسؤوليات والخبرة علماً أن عدد الدرجات يتفاوت من مؤسسة لأخرى.
- وضع كل وظيفة في الدرجة التي تتفق مع وصفها استناداً إلى طبيعة العمل.
- تحديد القيمة المالية لكل درجة من الوظائف ذات المستوى الواحد وقد يكون هناك مدى للأجر الذي يحدد لكل درجة.

2- **الطرق الكمية:**

طريقة مقارنة العوامل:

عبارة عن مقارنة الوظائف في المؤسسة من خلال تحديد عوامل أساسية في كل وظيفة بحيث تشكل تلك العوامل أسس وقواعد المقارنة. وتتم المقارنة بين الوظائف على أساس مقارنة كل عامل في كل وظيفة على حده بالمقارنة مع عامل آخر في وظيفة أخرى. وتنصب المقارنة في الأساس على الوظائف الأساسية في كل مجموعة من الوظائف.

ويشترط في الوظيفة الدالة أن تُمثِّل كافة أنواع الوظائف المراد تقسيمها وجميع المستويات الخاصة بكل نوع منها وان تكون معالمها معروفة وواضحة بحيث لا يكون هناك اختلاف في مستوى الواجبات والمسؤوليات الخاصة بها أو مستوى المهارة المطلوبة في شاغلها.

يتم تحديد أهمية العوامل في هذه الطريقة بقيم نقدية لا بعدد من النقاط على أساس أن أجر كل وظيفة يتحدد من منطلق مجموع القيم النقدية لكافة العوامل في الوظيفة.

مراحل تقييم الوظائف:

- اختيار الوظائف الدالة والممثلة لمجموعات الوظائف المختلفة في المؤسسة ويختلف هذا العدد من مؤسسة إلى أخرى حسب حجم ونوع النشاط.

- اختيار العوامل التي تتوافر في الوظائف الدالة والتي ستكون بمثابة معايير للمقارنة مثل المتطلبات العقلية والجسدية ومتطلبات المهارة والمسؤولية وظروف العمل.

- تحديد المرتب الذي يدفع في كل وظيفة من الوظائف الدالة في كل المجموعات وذلك من خلال تحديد نصيب كل عامل من العوامل الأساسية في الوظيفة والتي تشكل معايير القياس وبناءً على ذلك يتم جمع هذه القيم ويتم بعد ذلك تحديد المرتب العادل للوظيفة.

- يتم تحويل القيم المالية إلى رُتب وذلك بمقارنة القيم التي حصلت عليها الوظائف الدالة بالنسبة لكل عامل على حده ومن ثَمَّ يتم جمع القيم الناتجة لكل وظيفة.

- بعد تحديد الوظائف الدالة يتم إعداد المقياس الذي سوف يستخدم بالنسبة لكل عامل من عوامل التقييم والذي يسمى "مقياس مقارنة العوامل". ويتكون هذا المقياس من وحدات نقدية يحدد عليها موضع الوظائف الدالة بما يخص كل عامل من عوامل التقييم. بعد الانتهاء من ذلك يتم تطبيق نفس المرتبات على الوظائف الدالة الأخرى.

طريقة تقييم الوظائف:

تعتبر هذه الطريقة من أكثر الطرق موضوعية في تقييم الوظائف وأكثرها شيوعاً وتقتضي تفتيت الوظيفة إلى عناصرها الأساسية المكونة لها وتقدير قيمة لكل

عنصر من تلك العناصر بعدد محدد من النقاط وبجمع هذه النقاط يمكن تحديد درجة أهمية الوظيفة بالمقارنة مع الوظائف الأخرى في المؤسسة. بالإضافة إلى الموضوعية والعدالة في التقييم المستخدم بهذه الطريقة فأنها تأخذ بالاعتبار كل عامل على حده وليست الوظيفة كوحدة واحدة.

يتم في هذه الطريقة تحديد وتعريف العناصر المحددة للوظيفة بشكل دقيق وتحديد أوزان هذه العناصر. ويجب أن تكون مصفوفة القياس تحتوي على جميع العناصر المشتركة في الوظائف التي يراد تقيمها.

مراحل استخدام التقييم الوظيفي:

1- تحليل الوظائف كما تم بيانه سابقاً.

2- تحديد العناصر التي تُستخدم باعتبارها معايير للتقييم مع تحديد محتوياتها بالنسبة لمجموعات الوظائف الداخلة في التقييم.

3- تحديد درجات العوامل والنقاط لكل درجة. المقصود بالدرجة هنا مدى توافر أي من عوامل القياس في الوظيفة. ثم يتم بعد ذلك تحديد عدد من النقاط لكل درجة.

4- وضع مصفوفة النقاط لتقييم الوظائف والتي من خلالها يتم تحديد النقاط لكل وظيفة وذلك عن طريق معرفة مدى توفر الدرجات لكل عامل من عوامل القياس وبالتالي تحديد عدد النقاط بناءً على ذلك.

5- يتم تقييم كل وظيفة من وظائف المؤسسة باستخدام مصفوفة النقاط لتقييم الوظيفة ومصفوفة النقاط عبارة عن عدد من النقاط لكل درجة يتم تحديدها وعلى سبيل المثال كل درجة مساوية لـ 100 نقطة وهكذا.

6- يتم تجميع النقاط التي حصلت عليها كل وظيفة ثم يتم ترتيب كافة الوظائف حسب مجموع النقاط التي حصلت عليها كل وظيفة.

بناء هيكل المرتبات:

محصلة تقييم الوظائف هو بناء سلم المرتبات. الذي سيتم تطبيقه في المؤسسة ويتم بناءً علية دفع المرتبات والرواتب للعاملين وهو الذي يعكس تجميع الوظائف في مجموعات (درجات) مالية بحيث يحدد راتب كل وظيفة حسب المجموعة التي تنتمي إليها.

خطوات بناء هيكل المرتبات:

1- تحديد عدد فئات الوظائف.

2- تحديد معدل المرتب المقابل لكل فئة من تلك الفئات.

3- تعديل هيكل المرتبات في شكله النهائي ليتناسب مع سياسة المؤسسة.

المزايا الإضافية:

1- المزايا الإجبارية: هي المزايا التي يجب أن تقدمها المؤسسة للعاملين بسبب وجود نص أو تشريع قانوني يحدد تلك المزايا ونوعيتها وكيفية تقديمها للعاملين.

2- المزايا الاختيارية: وهي المزايا التي تقدمها المؤسسة على عاتقها وتتحمل تكاليفها المالية رغبة منها في تشجيع وتحفيز الموظفين نحو الأداء المتميز مع عدم وجود أي نص قانوني ملزم لها بذلك.

الفصل الرابع

الحوافـز

تكمن أهمية الدوافع والحوافز في أثرها بالسلوك الإنساني في كونها عاملاً مهماً في تحديد سلوك الأداء الفردي في العمل. ومهما تساوت أو تقاربت خبرات الأفراد وقدراتهم إلا أن أحد أسباب اختلاف الأداء يعود إلى قوة الرغبة أو الدافعية لأداء العمل.

تعريف الحوافز:

عبارة عن عوامل خارجية، يتوقعها الفرد من قيامه بعمل معين. أي أنها تُمثِّل العوائد والتي يتم من خلالها استثارة الدوافع وتحريكها.

وبهذا المعنى فإن الحافز هو المثير الخارجي الذي يشبع الحاجة والرغبة المتولدة لدى الفرد من أدائه لعمل معين. تتوقف فاعلية الحوافز على توافقها مع هدف الفرد وحاجته ورغبته.

تعريف الدوافع:

عبارة عن مجموعة الرغبات والحاجات الفطرية، والقوى الداخلية المحركة والموجهة للسلوك الإنساني نحو أهداف معينة. فهي كل ما ينشط السلوك الإنساني ويحافظ عليه أو يغير اتجاه السلوك وشدته وطبيعته.

نظريات الدوافع:

تحاول العديد من النظريات أن تفسر عملية الدافعية لدى الأفراد، حيت تم تصنيف هذه النظريات إلى ثلاث مجموعات من النظريات وهي كما يلي:

1- نظريات تركز على العامل المحرك للدوافع.

2- نظريات الدوافع الموجهة للسلوك.

3- نظريات الدوافع المحافظة على السلوك.

ومهما اختلفت هذه النظريات في تفسير الدوافع فهي جميعها تتفق في اعتبار الدوافع عملية تثير سلوك ما لأداء عمل معين لإشباع الحاجات، ومن هذه النظريات التي تم تصنيفها.

نظريات الدوافع:

نظرية سلم الحاجات:

يرى البعض أن حاجات ودوافع الإنسان مرتبة هرمياً بحيث يتم إشباع هذه الحاجات بشكل تتابعي هرمي أي لا بد من إشباع الحاجة الأولى قبل الانتقال إلى الحاجة التالية في الهرم.

تعريف الحاجة:

عبارة عن قوة داخلية تدفع الفرد لأن يقوم بعمل ما لإشباع تلك الحاجة الذاتية، ويمكن تقسيم حاجات الإنسان إلى عدة مستويات في سلم هرمي كالتالي:

الحاجات الفسيولوجية:

التي تُمثِّل الحاجات الأساسية لحياة الإنسان مثل الأكل والشرب والهواء والجنس، وتشكل هذه الحاجات بداية القاعدة في الهرم أو المستوى الأول من الحاجات.

1- **حاجة الأمان:** الشعور بالأمن الجسمي والنفسي وتمثل المستوى الثاني في حاجات

هرم ماسلو. مع العلم أنه لا يتم إشباع هذه الحاجة حتى يتم إشباع المستوى الأول في الحاجات حسب ما يراه ماسلو وهكذا بالنسبة للمستويات الأخرى.

2- **حاجة الانتماء:** حاجة الفرد لأن يكون عضو في جماعة يتفاعل معهم ويتفاعلون معه.

3- **حاجة تقدير الذات:** حاجة الإنسان للتقدير والاحترام من الآخرين وثقته بنفسه وقدرته وتقدير الآخرين لذلك.

4- **حاجة تحقيق الذات:** وهي حاجة الإنسان لتأكيد ذاته ورسالته في الوجود وان يستفيد من طاقاته وقدراته وان يحقق أهدافه وهي المستوى العالي من الحاجات الإنسانية.

النظرية الموجهة للسلوك:

من الأمثلة على هذا النوع من النظريات الموجهة للسلوك:

نظرية التوقعات: تستند نظرية التوقعات إلى أربعة مفاهيم أساسية وهي:

• **قوة الرغبة:** وهو اعتقاد الفرد وإدراكه بأن الجهد المبذول في أداء عمل ما سيؤدي إلى الإنجاز المطلوب. وتتمثل هذه الرغبة في نتيجة تحقق الفوائد المتوقعة من أداء عمل معين.

• **التوقع:** يتمثل التوقع باعتقاد الفرد بان مستوى جهد معين يضعه في أداء عمل ما يستحق مستوى معين من الأداء.

• **الوسيلة:** هي طريقة ما يمكن من خلالها تحقيق نتيجة أو مستوى محدد.

فعلى سبيل المثال قد يضع الطالب برنامج "دراسة يومية لمدة ساعتين على الأقل" يمكنه من الحصول على نتيجة معينة (درجة 80 فما فوق).

• **النتائج:** وهي ما يحصل عليه الفرد من نتيجة جهد أو أداء ما.

نظريات السلوك الإداري:

من الأمثلة على نظريات المحافظة على السلوك:

- **نظرية التعزيز:** يرى صاحب النظرية أن العوامل الخارجية البيئية هي المحددة للسلوك الإنساني وهذا يجعل دور العقل والتفكير اقل أهمية لدى المشتغلين بهذه النظرية من غيرهم. ومن هنا فإن المعززات هي التي تتحكم بتشكيل السلوك الفردي.

- **المعززات:** هي النتائج التي تعقب مباشرة استجابة ما من الشخص والتي تزيد من إمكانية تكرار ذلك السلوك وتأتي على شكل معززات إيجابية وسلبية.

  - المعززات الإيجابية: القيام بتقديم المكافأة في الحالات التي يبدي فيها الفرد السلوك المطلوب.

  - المعززات السلبية: معاقبة السلوك أو عدم إعطاء المكافأة أو تجاهل السلوك في الحالات التي لا يقدم الفرد السلوك المطلوب.

الأساليب التي تحكم عملية الإدارة:

يمكن النظر إلى هذه الأساليب على أنها تحكم عملية تعلم السلوك الإداري أو نقل السلوك المكتسب واستمراريته ومن هذه الأساليب:

- التدعيم: تقديم حافز أو سحبه كلما قام الفرد بسلوك محدد.

- التدرج التقريبي: تجزئة السلوك إلى جزيئات بحيث يتعلم الفرد الأسهل ثم الانتقال إلى الأكثر صعوبة مع تدعيم ذلك بمعززات.

- التغذية المرتدة: بحيث يكون التعزيز بعد السلوك المرغوب مباشرة لتقوية الربط بين الفرد والسلوك.

- المعرفة بالنتائج: توفر معلومات عن تقييم سلوك الفرد خاصة فيما يتعلق بالأنشطة المحددة.

دور الإدارة في الحوافز:

تلعب الإدارة دوراً أساسياً في تحفيز الموظفين ودفعهم لزيادة الإنتاجية. فأسلوب الإدارة في تعاملها مع الأفراد وإيجاد الوسائل الفعَّالة والضرورية لإشباع حاجاتهم وطموحاتهم وتحقيق رغباتهم تدفعهم لبذل المزيد من الجهد لزيادة الإنتاج وتحقيق أهداف المؤسسة، ويمكن توضيح دور الإدارة في تحفيز الموظفين من خلال الأساليب التالية:

إثراء الوظيفة وإغنائها:

هي عبارة عن توسيع الوظيفة التي يقوم بها الفرد عن طريق إضافة أنشطة جديدة أو تنويع المهام التي يؤديها الفرد بحيث تنعكس إيجابياً على رضا العاملين.

فتوسيع الوظيفة هو أحد أساليب الإدارة التي تستخدمه في تحفيز وتنشيط ودفع أداء الموظفين نحو السلوك الإداري المرغوب. ويزود الفرد بمهارات جديدة ومنوعة ويزيد من فرص النمو والتقدم للعاملين.

أنواع الحوافز:

تم تصنيف الحوافز إلى فئتين أساسيتين هما الحوافز المادية والحوافز المعنوية.

(أ) الحوافز المادية:

تعتبر من أكثر أنظمة الحوافز شيوعاً وذلك لقدرتها على إشباع عدد من الحاجات الأولية أو الدوافع الأساسية لدى الفرد. ومن أمثلة هذه الحوافز:

1- المكافآت والزيادة الدورية.

2- المشاركة في الأرباح.

3- ربط الحوافز بالإنتاج.

(ب) الحوافز المعنوية:

على الرغم من أهمية الحوافز المادية إلا أنها لا تكفي وحدها فالأفراد يختلفون في دوافعهم وعليه فان نظام الحوافز الفعَّال هو القادر على تطوير وسائل تحفيز تتلاءم مع دوافع الأفراد ورغباتهم.

تعتبر الحوافز غير المادية مكملة ومرافقة للحوافز المادية فيكون استخدامها استكمالاً للحوافز المادية لتحقيق مستوى أفضل من الأداء.

ومن أمثلة هذه الحوافز:

- الحوافز الاجتماعية المعنوية.
- التقدم الوظيفي.
- المشاركة في إتخاذ القرارات.
- العمل الجماعي والعلاقات الاجتماعية.
- المركز والمكانة.

خصائص نظام الحوافز الفعَّالة:

- زيادة الإنتاجية.
- تدعيم قدرات العاملين وقدراتهم وترغيبهم في الوصول إلى النتائج وتحقيقها.
- ربط مصالح الفرد وأهدافه بالمؤسسة وأهدافها.
- حل المشاكل المتعلقة برضى العاملين.

شروط يجب توافرها بأنظمة الحوافز:

- عدالة الحوافز وكفايته.
- الاستمرارية في إعطائها.
- ارتباطها المباشر بدوافع العاملين.
- بُعدها عن العلاقات الشخصية.
- تكيفها مع توقعات العاملين.
- ارتباطها بجهود العاملين لتحقيق الكفاية الإنتاجية.

الفصل الخامس

التدريب والتنمية الإدارية

المقدمة:

العنصر البشرى هو الثروة الحقيقة والمتغير الأهم في عمليه التدريب، والتدريب المناسب والمستمر هو أحد المحاور الرئيسية لتحسين هذا العنصر البشرى، حتى يصبح أكثر معرفه واستعداداً وقدره على أداء المهام المطلوبة منه بالشكل المطلوب والمناسب وبابتكار.

ويؤكد البعض على أهميه التدريب كإستراتيجيه من أجل البقاء، وإستراتيجيه مستقبليه في مواجهة فرط التنبيه الذي يتعرض له الإنسان، وفرط استخدام الحواس وزيادة التحميل بالمعلومات، وضغط عمليه إتخاذ قرارات كثيرة في وقت قليل.

كما يقترح الأخر عدة أساليب لمواجهة هذه المشكلات، منها: أسلوب التدريب المستمر الذي يساعد في عمليه التكيف هذه، والاستجابة بشكل مناسب للتغييرات السريعة التي حولنا.

وإذا كان يمكن لبعض المؤسسات الخاصة أن تستغني عن بعض العاملين بها لنقص التعليم والتدريب لديهم وتستبدلهم بعناصر جديدة مؤهله، فان مثل هذا القرار ليس سهلاً أو ممكناً في كثير من الأحيان في الإدارات الحكومية.

مفهوم التدريب:

التدريب هو الجهد المنظم والمخطط له لتزويد الموارد البشرية في المؤسسة بخبرات ومعارف معينة وتحسين وتطوير وتنمية مهاراتهم وقدراتهم وتغيير سلوكهم واتجاهاتهم بشكل إيجابي مما يساعد الأفراد على أداء وظائفهم الحالية والمستقبلية بفاعلية وبالتالي رفع مستوى الإنتاج وتحقيق أهداف كل من الموظف والمؤسسة.

كما يقصد بالتدريب إكساب الأفراد المعلومات والمعارف المتعلقة بأعمالهم وأساليب الأداء الأمثل فيها، وصقل المهارات والقدرات التي يتمتعون بها وتمكينهم من استثمار الطاقات التي يختزنونها ولم تجد طريقها للاستخدام الفعلي بعد، بالإضافة إلى تعديل السلوك وتطوير أساليب الأداء التي تصدر عن الأفراد وذلك من أجل إتاحة الفرص والمزيد من التحسين والتطوير في العمل وتأمين الوصول إلى أهداف الإنتاجية المتصاعدة.

لذا نجد أن التدريب بهذا المفهوم يساعد الموظفين على اكتساب الفاعلية والكفاءة في أعمالهم الحالية والمستقبلية، فضلا عن أن التدريب يعتبر حجر الزاوية في مجال تطوير كفاءة العاملين في شتى المجالات المختلفة وفي كافة المنشآت على اختلاف أنواعها.

الأسس التي يقوم عليها التدريب:

- اعتبار التدريب وسيلة ، وليس غاية بحد ذاته.

- ليس من الضروري أن يكون كل شخص في المؤسسة بحاجة إلى تدريب.

- التدريب ليس علاجاً لجميع المشاكل فمشكلة سوء الاختيار مثلا لا تحل دائماً بالتدريب.

- يقوم التدريب على أساس التخطيط والتنظيم والمتابعة.

- تختلف طبيعة التدريب من مؤسسة إلى أخرى حسب طبيعة النشاط وطبيعة الوظيفة.

- التدريب نشاط مستمر ما دامت المؤسسة تعمل وتنتج ولا ينفذ مرة واحدة في العمر.

دور التدريب في إدارة الموارد البشرية:

من الأنشطة والوظائف الأساسية التي تمارسها إدارة الموارد البشرية وظيفة التدريب حيث تعتبر هذه الوظيفة من الوظائف المهمة في الإدارة، وعليه يمكن القول أن تخطيط التدريب وتنفيذه يتطلب وجود قسم خاص يعمل ضمن إدارة الموارد البشرية وتحت إشرافها وفي حالة وجود قسم التدريب مستقل عن إدارة الموارد البشرية يجب أن يكون التنسيق على مستوى عالٍ جداً بين قسم التدريب وإدارة الموارد البشرية ومن أهم فوائد التدريب ما يلي:

- يكسب المتدرب مهارات ومعارف ذات علاقة مباشرة بالعمل مما يرفع إنتاجيتهم.

- جهد منظم ومخطط له يعمل على تحسين الأداء الحالي والمستقبلي للفرد والجماعة.

- التدريب يؤدي إلى تخفيض التكاليف في المستقبل.

- يقلل ويسهل عملية الإشراف وكذلك يقلل من مخاطر العمل.

- يساعد على استقرار الإنتاج في المؤسسة.

- يكسب الفرد ثقة بنفسه وقدرة على العمل ويرفع الروح المعنوية لديه.

- يكسب الفرد مهارات جديدة تؤهله إلى الارتقاء.

- تنمية المرونة لدى الفرد وقدرته على التكيف مع ظروف العمل.

مراحل عملية التدريب:

الهدف الرئيسي من التدريب هو زيادة كفاءة وفاعلية المنشأة في تأدية الأدوار التي تقوم بها وتحقيق الأهداف المطلوبة، والعملية التدريبية هي مجموع الأنشطة أو

العمليات الفرعية التي تُوجَّه لعـدد مـن المتـدربين لتحقيـق أهـداف معينـة، ويمكـن تقسـيم العملية التدريبية إلى المراحل والعمليات الفرعية التالية:

تخطيط البرنامج التدريبي:

يُقصد به عملية التصميم التي تمر بخطوات متلاحقة ومن أهمها ما يلي:

1- تحديد الأهداف:

هي الغايات التي يرجى تحقيقها من وراء البرنامج التدريبي. وتوضح الأهداف ما يراد إحداثه من تغيير في مستوى أداء الأفراد ويجب عمل تحليل لاحتياجات التدريب عند الموظفين قبل البدء بعملية التدريب.

2- تحديد احتياجات التدريب:

من أمثلة احتياجات التدريب المطلوبة المهارات اللغوية والمهارات الفنية والمهارات الخاصة بالاتصال مع الآخرين وكذلك المهارات الفكرية كالتخطيط وغيره.

3- وضع الخطة التدريبية:

تحديد المادة التدريبية التي سوف تقدم للمتدربين ويتم تحديدها بناءً على الاحتياجات المطلوبة.

4- اختيار المدربين:

يعد اختيار المدربين من العوامل المهمة في إنجاح البرنامج التدريبي وذلك لأن المدرب يمثل الوسيلة التي عن طريقة يتم نقل المادة التدريبية إلى المتدربين.

5- تحديد مكان إقامة البرنامج التدريبي:

يعتمد تحديد مكان إقامة البرنامج التدريبي على عدة أمور منها إمكانية المؤسسة المادية وطبيعة المادة التدريبية وكذلك على طبيعة العمل وظروفه.

6- **تحديد فترة البرنامج:**

تختلف مدة المادة التدريبية وذلك بناءً على طبيعتها وعلى الأسلوب المستخدم وعلى مدى تفرغ المتدربين لبرنامج التدريب.

7- **توفير مستلزمات البرنامج التدريبي:**

من أهم المستلزمات قاعات التدريب ووسائل الإيضاح اللازمة والمسؤول الإداري للبرنامج وغير ذلك من المستلزمات.

التنفيذ:

يعد التنفيذ مرحلة إدارة البرنامج وإخراجه إلى حيز التنفيذ ويتم تحديد المكان والزمان للبرنامج وفي الغالب يتم تحديد مشرف أو منسق لتنفيذ البرنامج. وفي هذه المرحلة يتبين حسن وسلامة عملية التخطيط ومدى إمكانية تطبيقه بنجاح.

التقييم:

يُقصد به قياس كفاءة التدريب ومدى نجاحه في تحقيق الأهداف المرجوة التي وُضع من أجلها. ومن الممكن أن تكون عملية التقييم أثناء وبعد عملية تطبيق التدريب، ومن الأساليب التي يمكن تقييم مدى استفادة المتدربين من البرنامج التدريبي ما يلي:

مقارنة تقييم أداء المتدرب قبل وبعد البرنامج التدريبي.

- الاختبارات حيث يمكن قياس مدى استيعاب واستفادة المتدربين من البرنامج.
- الترقيات الناتجة عن كفاءة وسلوك المتدربين الجيد بعد البرنامج التدريبي.
- ظهور تحسينات على الإدارات التي يعمل فيها المتدربون.

أهداف عملية التقييم:

- الوقوف على الثغرات التي حدثت خلال تنفيذ البرنامج ومعالجتها وتفاديها في المستقبل.

- معرفة مدى نجاح المدربين في نقل المادة التدريبية.
- إعطاء صورة واضحة عن مدى استفادة المتدربين من البرنامج التدريبي ويتم ذلك بتقييم المتدرب قبل وبعد عملية التدريب.

أنواع التدريب:

على حسب ما يلي:

- طبيعة التدريب (التدريب الفردي - التدريب الجماعي).
- مكان التدريب (التدريب في موقع العمل - التدريب خارج موقع العمل).
- تاريخ التعيين(تدريب العاملين الجدد - تدريب العاملين القدامى).
- الفئات المستهدفة للتدريب.
- المادة التدريبية. التدريب (اللغوي- الفني- التخصصي- على إتخاذ القرار).

فعّالية تدريب الموارد البشرية:

من شروط التدريب الفعّال أن يقوم على أساس:

- تغيير أسلوب الأداء والسلوك والتفكير للأفضل.
- احتياجات العمل والفرد من المهارات والقدرات.
- تطبيق ما تم تعلمه من التدريب وأن يكون هناك نظام حوافز لذلك.
- إيجاد الظروف المناسبة التي تُمكّن الموظف من تطبيق ما تعلمه في التدريب.
- أن يُنظر للتدريب على أنه نشاط مستمر.
- متابعة المتدربين بعد عودتهم إلى عملهم ليتمكنوا من تطبيق التدريب.
- أن يكون التدريب متطوراً في مادته وأسلوبه وان يتم دعمه من الإدارة.
- تدريب الرؤساء على حل المشكلات واتخاذ القرارات.

الفصل السادس

التقييم الذاتي للإدارة

التقييم:

هو عملية قياس أداء وسلوك العاملين أثناء فترة زمنية محددة ودورية وتحديد كفاءتهم في أداء عملهم حسب الوصف الوظيفي المحدد لهم. ويتم ذلك من خلال الملاحظة المباشرة من قبل المدير المباشر في غالب الأحيان. ويترتب على ذلك إصدار قرارات تتعلق بتطوير الموظف من خلال حضور برامج تدريبية أو قرارات تتعلق بترقية الموظف أو نقلة وفي أحيان أخرى الاستغناء عن خدماته.

فوائد تقييم الأداء:

- تزويد المدراء ومتخذي القرار عن مستوى أداء الموظفين في المؤسسة.
- يساعد تقييم الأداء على معرفة مدى مساهمة الموظفين في تحقيق أهداف المؤسسة، ومدى ملائمة الموظف للوظيفة التي يشغلها بشكل موضوعي وعادل.
- إشعار الموظفين بالمسؤولية وإعلامهم أنه سيتم تقدير جهودهم من قبل الإدارة وأن عملية الترقية والنقل والعلاوات لا تتم إلا عن طريق ذلك وتزويدهم بمعلومات عن مستوى أدائهم.

- يساعد المدراء على إتخاذ قرارات بشأن تحسين وتطوير أداء الموظفين واقتراح المكافآت المالية بناءً على مستوى الأداء وتميزه مما يساعد على رفع الروح المعنوية وتقليل معدل دوران العمل .

- يزود تقييم الأداء إدارة الموارد البشرية بمعلومات واقعية عن أداء العاملين في المؤسسة وما يجب على إدارة الموارد البشرية في عملية تخطيط الموارد البشرية ومدى احتياج الفرد لبرامج التدريب بناءً على ذلك.

انتقادات حول عملية تقييم الأداء:

- احتمال وجود تحيز سواء كان سلبياً أو إيجابياً.

- صعوبة تقييم بعض الأعمال وخاصة غير الملموسة منها.

- مقاومة العاملين للتقييم.

- عدم توفر نماذج ومعايير التقييم المناسبة لمختلف الموظفين في كثير من الأحيان.

أهداف تقييم الأداء:

يتم استخدام تقييم الأداء في المجال الإداري في:

- ترقية الموظفين.

- نقل الموظفين إلى وظائف أكثر ملائمة لهم.

- تحديد العلاوات التشجيعية.

- تحديد العقوبات التأديبية والفصل.

- الكشف عن الاحتياجات التدريبية وكوسيلة لتطوير الأداء.

تطوير المؤسسة والفرد:

يسعى تقييم الأداء إلى تحقيق بعض الأهداف التي تسهم في آن واحد بتطوير أداء الفرد والمؤسسة ككل من خلال الكشف عن نقاط الضعف عند الموظف والعمل

على تدريبه من أجل رفع إنتاجيته وبالتالي إنتاجية المؤسسة من خلال جهود العاملين، ومن هذه الأهداف:

وسيلة لتطوير الأداء الذاتي:

من خلال قياس الأداء يستطيع الشخص معرفة جوانب القوة وتعزيزها ومعرفة جوانب القصور والعمل على تفاديها وتطوير نفسه.

تنمية الكفاءة لدى الرؤساء:

تقتضي طبيعة التقييم من الرؤساء ملاحظة أدوار مرؤوسيهم وسلوكهم أثناء العمل ومن ثَمَّ القيام بتحليل ذلك ليكونوا قادرين على التقييم والقيادة الرشيدة والفعَّالة.

الكشف عن الاحتياجات التدريبية:

من أهداف عملية التقييم الكشف عن نقاط الضعف عند الموظف وبالتالي اقتراح البرنامج التدريبي المناسب له.

مقاييس الأداء:

مقاييس الأداء هي العوامل والمعايير التي يتم قياس أداء العاملين بموجبها ويجب أن يتم تحديد الجوانب التي يراد تقييمها في أداء الفرد وتنقسم معايير تقييم الأداء إلى قسمين هما:

المؤشرات:

هي مجموعة من الصفات والميزات التي يجب أن تتوفر في الموظف لكي يكون قادراً على أداء وظيفته بشكل جيد وفعَّال.

وتنقسم إلى مؤشرات ملموسة وغير ملموسة، ومن البديهي أن يكون قياس المؤشرات غير الملموسة أصعب في عملية القياس من الملموسة. ومن الأمثلة على المؤشرات الملموسة والتي يمكن قياسها بسهولة عملية التزام الحضور والانصراف في الأوقات المحددة ومن الأمثلة على العناصر غير الملموسة الأمانة والصدق والانتماء وغير ذلك.

الممارسات:

هي عبارات وصفية إجرائية يمكن من خلالها قياس إنتاجية الموظف من حيث ثلاثة جوانب:

1- **معدلات كمية:** وهي عبارة عن عدد محدد من الوحدات التي يجب على الفرد إنتاجها خلال فترة زمنية محددة.

2- **معدلات نوعية:** وتعني وجوب وصول أداء الشخص إلى مستوى معين من الجودة والدقة والإتقان.

3- **معدلات كمية ونوعية:** هذا المعدل مزيج من الكم والنوع بالإضافة إلى وجوب إنتاج عدد معين من وحدات الإنتاج يجب أن يصل مستوى الأداء إلى حد معين من الجودة والدقة والإتقان.

خصائص مقاييس الأداء:

1- **الصدق:** يُقصد به هنا أن المقياس يقيس ما صمم لقياسه. بمعنى يجب أن نتأكد أن المقياس يقيس العناصر المراد قياسها والتي صمم المقياس من اجلها.

2- **الثبات:** يُقصد به الوصول إلى نفس النتائج في حالة استخدام المقياس لنفس الحالة ولمرات متكررة.

3- **القدرة على التمييز:** تعريف المقاييس وشرح معنى كل منها وأهدافها، بحيث يتم فهمها بشكل واضح يمنع التداخل في معانيها ويمكن التمييز بينها وفهمها.

خطوات وضع نظام تقييم الأداء:

1- **تحديد المقاييس:**

وضع معايير كي يتم مقارنة الأداء بها بحيث تصبح المحك الذي يتم القياس به.

2- **اختيار طريقة القياس:**

هناك طرق عديدة لقياس الأداء فيجب تحديد الطريقة التي سيتم قياس الأداء بها.

3- **تحديد دورية التقييم:**

المقصود بذلك تحديد الفترة الزمنية الدورية لإجراء عملية التقييم، فقد تكون كل ثلاثة أشهر أو كل ستة أشهر ويختلف ذلك من مؤسسة إلى أخرى حسب طبيعة النشاط وحجم المؤسسة وغير ذلك من العوامل.

4- **تحديد المقيم:**

من المعلوم أن الشخص المناسب الذي يجب أن يقوم بتقييم الموظف هو الشخص الذي تتوفر لديه المعلومات الكافية والدقيقة عن مستوى أداء الموظف وسلوكه ويمكن القول أن الرئيس المباشر هو الشخص الأنسب لتقييم الموظف مع الأخذ بعين الاعتبار أهمية الموضوعية والصدق في عملية التقييم والبعد عن الجوانب الشخصية التي قد تؤثر في ذلك.

5- **تدريب المقيم:**

التأكد من قدرة المقيم على التنفيذ السليم لعملية التقييم وتزويد المقيمين بالإرشادات الواجب إتباعها لذا أصبح دور المقيمين من أهم أسباب نجاح عملية التقييم.

6- **علنية نتائج التقييم:**

- مناقشة الموظف بنتيجة تقيمه والغاية من ذلك معرفة الموظف لجوانب القوة وتعزيزها وجوانب الضعف وتفادي حصول ذلك في المستقبل.

- التظلم من نتائج التقييم: هو إعطاء الموظف الحق في القيام بالتظلم من نتائج التقييم الغير مرضي له، مما قد يدفع المقيمون إلى اخذ عملية التقييم على محمل الجد وإعطائها أكثر أهمية.
- تصميم استمارة التقييم: المقصود بذلك هو عمل نماذج التقييم بشكل مناسب بحيث يحتوي على المعلومات المطلوبة وكذلك على عناصر التقييم وان يكون سهل الاستخدام والفهم وأن يتم وضع استمارات مناسبة للفئات الوظيفية المختلفة.

التطبيق:

يقوم بهذه الخطوات التقييمية المقيم وتشمل على ما يلي:

1- دراسة معايير التقييم المحددة وفهمها بشكل ممتاز.

2- ملاحظة أداء العاملين وإنجازاتهم وقياس ذلك وفق المعايير والمؤشرات والممارسات.

3- مقارنة أداء العاملين بالمقاييس الموضوعة وتحديد نقاط القوة والضعف.

4- إتخاذ القرارات الوظيفية بناءً على نتائج التقييم.

أدوات تقييم الأداء:

الأدوات التقليدية لتقييم الأداء: ومن أشهر هذه الأدوات ما يلي:

طريقة المقارنة وتشمل:

1- الترتيب المستقيم: يقوم المقيم بترتيب الأفراد الخاضعين لعملية التقييم تنازلياً أو تصاعدياً حسب مستوى الكفاءة ومقارنة سلوك كل شخص بالآخرين.

2- أسلوب المقارنة المزدوجة: حيث يتم مقارنة كل موظف بالموظفين الأخريين (مقارنة زوجية - ثنائية) ليتم اختيار الأفضل وهكذا.

3- طريقة قائمة التحقق: عبارة عن مجموعة من الأسئلة يتم تقييم الموظف بناءً عليها دون علم المقيم بوزن كل معيار أو سؤال وبذلك يتم جمع هذه القيم من قبل إدارة الموارد البشرية ليمثل التقييم النهائي للموظف.

4- طريقة الاختيار الإجباري: عبارة عن مجموعات من العبارات تحتوي كل منها على عبارتين تصف جوانب سلوكية وعلى المقيّم أن يختار واحدة من هاتين العبارتين في كل مجموعة ويتم إعطاء قيم لهذه العبارات وبناءً عليها يتم تقييم الموظف.

5- طريقة الملاحظة المباشرة: يتم ملاحظة سلوك الشخص بشكل مستمر ودقيق لمعرفة الحوادث التي تحصل مع الموظف أثناء العمل وبعد ذلك تقوم إدارة الموارد البشرية بتحديد مستوى الأداء بناءً على ذلك.

6- طريقة التمثيل البياني: يتم حصر الصفات والخصائص والواجبات المطلوبة والتي يتطلبها العمل والتي يجب أن تتوفر بالفرد ويطلب من المقيم قياس مدى توفر ذلك في الموظف.

أخطاء تقييم الأداء:

من أهم الأخطاء التي يقع فيها المقيمون عند تقييم أداء الموظفين ما يلي:

1- الميل لإعطاء تقديرات متوسطة: يحدث هذا الخطأ في حالة محاول المقيم التهرب من انتقادات توجه إليه من مرؤوسيه.

2- اللين أو التساهل أو التشدد: الميل إلى إعطاء تقديرات عالية فَيمنَحُ الموظفين من ذوي الأداء الضعيف تقديرات متوسطة أو يتشدد فيعطي الموظفين من ذوي الأداء المرتفع درجات متوسطة وهكذا.

3- التأثير بالهالة: وهو أن يؤثر جانب واحد من جوانب أداء الموظف على الجوانب الأخرى. فإذا كان أداء الموظف ممتازاً في جانب واحد تم تقييم الموظف بمستوى

ممتاز بجميع الجوانب متأثرا بجانب واحد، والعكس صحيح فإذا كان جانب واحد من أداء الموظف غير مرضي تم تقييم الموظف بشكل عام غير مرضي وهكذا.

4- التأثير بالأداء الحديث: إهمال ونسيان تفاصيل الماضي وتقييم الموظف بناءً على الفترة الحديثة (القريبة) من وقت أو تاريخ التقييم.

5- الاختلاف بفهم المعايير: ينشا هذا الخطأ عندما يكون هناك فهم مختلف لمعاني المعايير مثل جيد ومقبول وممتاز تعني أشياء مختلفة لمقيمين مختلفين.

6- اللاموضوعية: يحصل مثل هذا الخطأ لأشخاص يميل إليهم المقيم ومن ذلك وجود صداقة بين الرئيس والمرؤوس أو قرابة أو علاقات شخصية أو اجتماعية أخرى.

الفصل السابع

المشكلات الإدارية للعاملين

المقدمة:

الهدف الأساسي من معالجة مشاكل العاملين هو الإحساس بالرضا الوظيفي مما يدفعهم إلى بذل المزيد من الجهد وتحسين مستوى الأداء الوظيفي وبالتالي المساهمة الفعَّالة في تحقيق أهداف المؤسسة.

تتعامل المؤسسة مع مجموعات مختلفة من القوى البشرية العاملة لديها والتي لها العديد من المشاعر والأحاسيس والرغبات والاحتياجات التي تسعى إلى إشباعها. بما أن كل فرد يختلف عن الأفراد الآخرين في كثير من النواحي مما قد يؤدي إلى حدوث مشاكل في العمل وفي العلاقات فمعظم المشاكل التي تحصل بسبب محاولة كل من الطرفين (الفرد والمؤسسة) إشباع رغباتهم الخاصة، ومن أهم هذه المشاكل:

1- **الترقية:** يقصد بها هي تحول الموظف من وظيفة إلى أخرى أعلى في السلم الهرمي للوظائف والتي يصحبها زيادة في المرتب في غالب الأحيان، ويجب أن يتوفر سياسات عادلة وواضحة تمكن إدارة الموارد البشرية من القيام بهذه المهمة بشكل سليم ومحفز للموظفين ... الخ.

2- **التنقلات**: أي الانتقال من وظيفة إلى أخرى دون الارتقاء في السلم الوظيفي وقد يكون النقل لسبب إيجابي أو سلبي كان يكون وسيلة تأديب أو عقاب للموظف.

3- **تدني الإنتاجية**: يعني تدني مستوى الأداء عند الموظف وعلى إدارة الموارد البشرية معرفة أسباب ذلك والعمل على حلها واتخاذ الإجراء المناسب لرفع مستوى الإنتاج في المؤسسة.

4- **ضعف الالتزام**: أي عدم إحساس الفرد بالرغبة في تحمل المسؤولية والقيام بالمهام المناطة به وعدم استغلال كافة طاقاته لمساعدة المؤسسة على تحقيق أهدافها.

5- **ترك العمل**: يشكل ترك العمل من قبل الموظفين من أصحاب الخبرة والمهارة مشكلة أساسية للمؤسسة وعلى إدارة الموارد البشرية العمل على استقطاب الكفاءات الممتازة والمحافظة عليها من التسرب ولا بد من معرفة أسباب تسرب الكفاءات من المؤسسة وإيجاد الحل المناسب لذلك.

6- **فصل العاملين**: تشكل عملية إنهاء خدمات الموظفين من المشاكل الصعبة لدى إدارة الموارد البشرية فيجب التأكد من أسباب الفصل وظروفه والتأكد من عدم حصول ظلم أو أسباب شخصية ... الخ.

7- **التأديب**: يجب أن يؤخذ في الاعتبار عملية التدرج في عمليات التأديب وان لا تلجأ له إلا كعلاج أخير.

8- **الخلاف بين العاملين**: قد يكون الخلافات رأسية (بين الرؤساء والمرؤوسين) أو أفقية (بين العاملين) وعلى إدارة الموارد البشرية العمل على حل هذه الخلافات في أي مكان أو في أي مستوى في المؤسسة.

العلاج التقليدي لمشكلات العاملين:

تعتمد الأساليب التقليدية في معالجة مشكلات العاملين على الانتظار لحين حصول المشكلة، ومن ثَمَّ القيام بمحاولات لحلها ولا يتم العمل على منع حصولها.

والطريقة التقليدية في حل المشاكل تلتزم بالأنظمة والقوانين الموجودة بحيث يتم العودة إليها في حالة حدوث المشاكل ولا يؤخذ تقدير المدير المباشر في الاعتبار أو العلاقة بين الرئيس والمرؤوس وبشكل عام فإن الطريقة التقليدية تقوم على التهديد والعقاب وتخويف العاملين من ارتكاب أي أخطاء ولهذه الطريقة سلبيات كثيرة على سلوك وإنتاج الموظف.

الأساليب الحديثة في معالجة مشكلات العاملين:

تقوم الأساليب الحديثة في التعامل مع العاملين من خلال إدارة الموارد البشرية وعلى أساس أن الموارد البشرية الموجودة في المؤسسة هي أغلى ما تملكه ولذلك فإن العمل على حل مشاكل العاملين أمر في غاية الأهمية وأن الحل أيضًا سبب في إنجاح المؤسسة وتحقيق أهداف كل من الطرفين (الفرد والمؤسسة). وأن الاتجاهات الحديثة في حل مشاكل العاملين تقوم على التفاهم والتعاون المشترك بين الموظف والمؤسسة. وكذلك فإن الاتجاهات الحديثة في حل مشاكل العاملين تتبنى منحى العلاقات الإيجابية وأن حدوث المشكلات أمر طبيعي ولابد من العمل على حلها.

إرشادات لتبني الأساليب الحديثة:

- تحديد أنماط السلوك ومستويات الأداء المتوقعة.
- الانفتاح في العلاقة بين الرؤساء والمرؤوسين.
- مشاركة العاملين في القرارات المتعلقة بهم.
- حل المشاكل ومتابعة النصائح.
- التعرف على رغبات العاملين ومحاولة إشباعها.
- حماية حقوق العاملين والوصول إلى الرضا الوظيفي.
- تحسين المَناخ التنظيمي الذي يعمل في ظله الموظفون.

النقابات العمالية:

هناك نقابات عمالية تُمثِّل العاملين في المؤسسات المختلفة، تتفاوض مع المؤسسة بالنيابة عنهم وتدافع عن حقوقهم. ولكي يتحقق ذلك لا بد أن يصبح العاملون أعضاء في النقابة أو معظمهم وذلك باختيارهم الشخصي. وبهذه الحالة تصبح النقابة الممثل الشرعي والمتحدث باسم الموظفين أمام المؤسسة. ومن هنا يمكن القول أن الدور الذي تلعبه إدارة الموارد البشرية يختلف من مؤسسة يكون للعاملين فيها نقابة عمالية عن مؤسسة لا يوجد بها نقابة عمالية.

من الأسباب التي تدفع الموظفين للانضمام إلى النقابات العمالية ما يلي:

رفع مستوى المرتبات والرواتب

- الحصول على المزيد من الامتيازات كماً ونوعاً.

- زيادة الإحساس بالأمن الوظيفي.

- تحسين ظروف العمل وأوضاعه.

- وجود تعليمات عادلة بخصوص التأديب والترقية والشكاوي.

- الإحساس بالأهمية الذاتية وتحقيق المكاسب العمالية.

- المشاركة باتخاذ القرارات المتعلقة بمستقبلهم المهني.

مراحل حصول النقابة على حق تمثيل العاملين:

هناك ثلاث مراحل أساسية لحصول النقابات العمالية على حق تمثيل العاملين في المؤسسات وهي كما يلي:

- الاتصال المبدئي: بين النقابة والعاملين حيث تشرح لهم ما هي أهدافها ورسالتها وماذا تريد في محاولة إقناع العاملين للانضمام للنقابة كما يوضح العاملون ما هي تطلعاتهم وتوقعاتهم من النقابة؟ وكذلك يتم الاتفاق على مبلغ الرسوم السنوي الذي سيدفعه العاملون للانضمام للنقابة.

- توفر العدد المطلوب من العاملين: لا بد من توفر حد أدنى من العاملين للانضمام للنقابة كي يتسنى لها الحصول على حق تمثيل العاملين أمام المؤسسة والدفاع عنهم والمحافظة على حقوقهم.

- الموافقة الرسمية لتمثيل العاملين: بعد حصول النقابة على هذه الموافقة يتم تحديد أعضاء ممثلين عن النقابة ويتم القيام بانتخابات من العاملين من أجل ذلك.

صفحة زوجية فارغة

الباب الثاني

القيادة والحوكمة الرشيدة

يشتمل الباب على الفصول الآتية:

1- **القيادة وتنمية الموارد البشرية.**

2- **أساليب القيادة.**

3- **أخلاقيات العمل الإداري.**

صفحة زوجية فارغة

الباب الثاني

القيادة والحوكمة الرشيدة

المقدمة:

تتميز القيادة بفاعلية مستمرة وهي تعبر عن علاقة شخص بآخر فهي العلاقة القائمة بين المدير والمرءوسين والتي بواسطتها يمكن للمدير أن يؤثر تأثيراً مباشراً على سلوك العاملين معه، وأن يعطي المعلومات الضرورية لقراراته، وديناميكية القيادة تعود إلى الاستمرارية في تغيير ظروف العمل الذي يتطلب تغيير متواصل في خططه وسياساته، كذلك الإنسان نفسه في تغير مستمر فسلوك الفرد يتغير دائماً خلال حياته وهذا التغير يجعل من الضروري أن يكون هناك تعديل في العلاقة بين الرؤساء والمرءوسين ومن خلال إطلاعنا على مجموعة من كتب الإدارة المختلفة وجدنا أن كثيراً من الكُتَّاب قد تطرق إلى موضوع القيادة وذلك من حيث تعريف القيادة، وأهمية القيادة، مصادر قوة وتأثير القيادة، نظريات القيادة، أنواع وأساليب وأشكال القيادة، وصفات المدير الإيجابية، وأنماط القيادة، التعريف بالمستويات الإدارية المختلفة.

وتعرف بأنها النشاط الموجه نحو التعاون المثمر والتنسيق الفعَّال مثل الجهود البشرية المختلفة من أجل تحقيق هدف معين بدرجة عالية من الكفاءة.

الفصل الأول

القيادة وتنمية الموارد البشرية

تعريف القيادة:

تٌعرف القيادة بأنها قدرة الفرد في التأثير على شخص أو مجموعة من الأشخاص وتوجيههم وإرشادهم من أجل كسب تعاونهم وحفزهم على العمل بأعلى درجة من الكفاية في سبيل تحقيق الأهداف الموضوعة

وللقيادة دور اجتماعي رئيسي يقوم به المدير أثناء تفاعله مع غيره من أفراد، ويتسم هذا الدور بأن من يقوم به له القدرة والقوة على التأثير في الآخرين وتوجيه سلوكهم في سبيل بلوغ هدف الجماعة.

ومن ثَمَّ فإن القيادة شكل من أشكال التفاعل بين المدير والمرؤوسين، حيث تبرز سمة القيادة والتبعية، وهي العملية التي يتم من خلالها التأثير على سلوك الأفراد والجماعات وذلك من أجل دفعهم للعمل برغبة واضحة لتحقيق أهداف محددة.

والقيادة هي عملية إلهام الأفراد ليقدموا أفضل ما لديهم لتحقيق النتائج المرجوة. وتتعلق بتوجيه الأفراد للتحرك في الاتجاه السليم، والحصول على التزامهم، وتحفيزهم

لتحقيق أهدافهم. ووفقاً لما قاله البعض: "فإن المديرين يفعلون الأشياء بطريقة صحيحة ولكن القادة يفعلون الأشياء الصحيحة".

أهمية القيادة:

تعود أهمية القيادة إلى العنصر البشري الذي يحتل المكانة الأولى بين مختلف العناصر الإنتاجية الأخرى التي تساهم في تحقيق أهداف المؤسسة المنشودة فسلوك الفرد من الصعب التنبؤ به نظراً للتغيرات المستمرة في مشاعره وعواطفه كذلك التغيير في الظروف المحيطة بالمؤسسة التي من شأنها أن تؤدي إلى تغير مستمر في السياسات وذلك لكي تضمن المؤسسة الحد الأدنى المطلوب من الجهود البشرية اللازمة لتحقيق أهدافها وضمان استمرارها فيجب أن توفر للعاملين قيادة سليمة وحكيمة تستطيع حفظهم والحصول على تعاونهم من أجل بذل الجهود اللازمة لإنجاز المهام الموكلة لهم وقد دلت الدراسات المختلفة على قلة عدد القادة نسبياً "فالقدرة على القيادة سلعة نادرة لا يتمتع بها إلا القلائل من أفراد المجتمع".

المدير الناجح هو الذي يخلق في دائرته العادات والتقاليد التي تتفق وأهداف المؤسسة، فالجانب السلوكي في علاقة المدير بمرءوسيه وزملائه هو جوهر عمل القيادة ويتمثل في التأثير الذي يمارسه فرد ما على سلوك أفراد آخرين ودفعهم للعمل باتجاه معين وفاعلية هذا الدور القيادي يتطلب فهماً عميقاً للسلوك الإنساني ويتضمن إدراكاً للحقيقة القائلة بأنه لا يمكن معاملة الأفراد كالآلات وحتى يستطيع المدير القيام بعملية التأثير يجب أن يتمتع بقوة أو سلطة معينة تميزه عن غيره من الأفراد.

ومن ثَمَّ نحن بحاجة إلى تصميم برامج تدريبية مختلفة من أجل رفع المستوى القيادي بين العاملين في هيئاتها الإدارية.

مصادر تأثير القيادة:

حتى يتمكن الشخص من القيام بعملية التأثير على الآخرين يجب أن يتمتع بقوة أو سلطة معينة تميزه عنهم، ويمكن تصنيف مصادر القوة للقيادة على النحو الآتي:

السلطة الرسمية: ومن مظاهر هذه السلطة:

- السلطة القانونية: مصدرها المركز الرسمي الذي يحتله الفرد في التنظيم الإداري وهذه القوة تنساب من أعلى إلى أسفل.

- **قوة المكافأة:** مصدرها توقعات الفرد من أن قيامه بعمله على الوجه المطلوب سيعود عليه بمكافأة مادية أو معنوية من قبل رئيسه.

- **قوة الإكراه:** مصدرها الخوف وهي متصلة بتوقعات الفرد من أن قصوره في تأدية واجباته سيترتب عليه نوع من العقاب المادي أو المعنوي من قبل رئيسه.

- **قوة التأثير:** مرتبطة بالشخص نفسه وليس بالمنصب ومن مظاهرها:

- **القوة الفنية (التخصص):** ومصدرها الخبرة والمهارة والمعرفة التي يمتلكها الفرد ويتميز بها عن غيره من الأفراد كالطبيب والمهندس.

- **قوة الإعجاب:** يحصل عليها الفرد نتيجة إعجاب تابعيه ببعض صفاته الشخصية بحيث تربطهم وتشدهم إليه نتيجة توافر نوع من السحر أو الجاذبية في شخصية المدير.

نظريات القيادة:

تعددت نظريات القيادة في جميع الكتب الإدارية، ولكن يمكن تصنيفها بالشكل التالي الذي يضم جميع النظريات فهي نفسها في جميع الكتب وإن اختلفت المسميات في بعض الأحيان.

القيادة الموروثة:

يحصل عليها الفرد عن طريق الوراثة من والديه فهناك من يولد ليكون قائداً وهناك من يولد ليكون تابعاً فصفات القيادة من الثبات والجرأة والإقدام والمهارة إنما هي هبة من الله - سبحانه وتعالى- لشخص المدير إلا أن هذه النظرية تعرضت لانتقادات تحد من فعَّاليتها ومن هذه الانتقادات أنها فشلت في:

- اعتبار تأثير الجماعة على المواقف والسياسات الإدارية.

- تحديد الصفات الهامة من الصفات الموروثة كما فشلت في التعرف على الصفات التي يتميز بها المدير والضرورية لدعم شخصيته.

- تحليل السلوك الإنساني واكتفت بوصف ذلك السلوك.

- تحديد الصفات القيادية الموروثة وذلك لصعوبة الفصل بين الصفات القيادية الخاصة والمشتركة.

القيادة المكتسبة:

هي الخبرة والتمرس في الحياة فالمدير الناجح هو الذي يكتسب صفات القيادة من عمله وممارسته القيادة في الجماعة ويشترط أن تتوافر فيه بعض السمات القيادية، ونظراً لعدم قدرة نظرية القيادة المكتسبة على تحديد سمات المدير الفعَّال والمدير غير الفعَّال أدى هذا إلى انتقال التركيز في الأبحاث والدراسات إلى سلوك الفرد (المدير) ومن أهم هذه النظريات المرتبطة بسلوك الفرد:

أ- الخط المستمر في القيادة:

تشير هذه النظرية بأنه ليس هناك سلوكاً قيادياً واحداً يمكن استخدامه بنجاح في كل الأوقات وإنما السلوك القيادي الفعَّال هو الذي يتلاءم ويتكيف مع الموقف، أي أن المدير يجب أن يكون مرناً بدرجة كافية تتلاءم والموقف القيادي الذي يتعرض له.

ب- نظرية ليكرت في القيادة:

وجد ليكرت أن المشرفين ذوي الإنتاجية العالية تميزوا بمشاركة محدودة في التنفيذ الفعلي وكانوا مهتمين أكثر بالأفراد وكانوا يتعاملون معهم بطريقة غير رسمية واستنتج ليكرت أن القيادة الديمقراطية تعطي أفضل النتائج، وقد ميز بين أربعة أنظمة للقيادة:

1- النظام الاستغلالي: وفيه يكون القادة مركزون بدرجة عالية وثقتهم بمرءوسيهم قليلة ويتبعون طرق التخويف والإكراه في الإدارة.

2- النظام المركزي النفعي: يشبه السابق إلا أنه أقل مركزية ويسمح بمشاركة المرءوسين تحت إشرافه ورقابته.

3- النظام الاستشاري: تتوفر لدى القادة ثقة بمرءوسيهم ويستفيد من أفكارهم وآرائهم أما النظام الرابع فهو الأفضل.

4- النظام الجماعي المشارك: تتوفر للقائد ثقة مطلقة بمرءوسيه وهناك تبادل مستمر للمعلومات وقد ثبت أن من يستخدمون النظامين الثالث والرابع تكون إنتاجية مجموعاتهم مرتفعة.

ج- نظرية البعدين:

من خلال هذه النظرية تم تحديد بعدين لسلوك القيادة هما:

• المبادرة لتحديد العمل وتنظيمه.

• تفهم واعتبار مشاعر الآخرين.

وأثبتت هذه الدراسات بأن المدير يمكن أن يجمع بين البعدين ولكن بدرجات متفاوتة وهذا بالتالي يؤدي إلى تحقيق الرضاء والإنجاز الجماعي للمرءوسين.

د- نظرية الشبكة الإدارية:

حددت هذه النظرية أسلوبين لسلوك المدير:

- الاهتمام بالأفراد.
- الاهتمام بالإنتاج.

هـ - نظرية الموقف:

فالموقف الذي يوجد فيه الفرد هو الذي يحدد إمكانيات القياديين، والدليل على ذلك نجاح القادة في مواقف معينة نجاحاً باهراً وفشلهم في مواقف أخرى.

وأصحاب هذه النظريات تعتبر القيادة موقف يتفاعل به المدير وجماعته، ولا تعتبر القيادة موهبة فالمدير الناجح هو ذلك المدير الذي يستطيع تغيير سلوكه وتكيفه بما يلائم الجماعة من خلال وقت محدد لمعالجة موقف معين.

تقسيمات أخرى للقيادة مثل:

القيادة العلمية:

تنبع من الحركة العلمية، ومن الأفكار التي حملتها تلك الحركة عن الإنسان وسلوكه تبعاً لما أُطلق عليه بنظرية (X) التي تفترض أن الإنسان كسول لا يحب العمل ويعمل على تجنبه وأنه يجب مراقبته باستمرار ودفعه إلى العمل وأن العامل لا يحب المسؤولية وأنه غير طموح ولذلك افترضت الحركة العلمية بأن تصحيح الوضع لا يتم إلا بإحدى الطريقتين:

1- تقوية الهيكل التنظيمي للمنشأة.

2- تحسين طرق العمل الموجهة لرقابة المستويات الدنيا.

القيادة الإنسانية:

تؤكد النظرية على أهمية دور الفرد ومساهمته في المؤسسة، وأنه لابد من حفز الأفراد وتشجيعهم وتدريبهم من أجل الحصول على أقصى طاقاتهم الكامنة وتؤكد هذه النظرية أن الإنسان يسعى لإشباع حاجاته السيكولوجية التي يمكن إشباعها ضمن إطار المؤسسة وهذا وضعه ماكريغور في نظريته الثانية وهي نظرية (Y) والتي هي عكس النظرية الأولى.

صفحة زوجية فارغة

الفصل الثاني

أساليب القيادة

قسّم بعض الكُتَّاب أنواع القيادة وتم تصنيفها في ثلاث مجموعات:

(أ) القيادة حسب سلوك المدير:

1- القيادة الأوتوقراطية:

يُقصد بها القيادة المتسلقة، حيث يقوم المدير باستغلال السلطة الممنوحة له ليحمل أتباعه على القيام بأعمال وفقاً لإرادته وأهوائه وعادة ما يستخدم أسلوب التهديد والتخويف لتنفيذ ما يريد. وهولا يهتم بآراء الآخرين أو أفكارهم وهو الذي يحدد الأهداف وسبل تحقيقها.

2- قيادة عدم التدخل:

عكس القيادة الأوتوقراطية فهي تعني أن المدير يسمح لأتباعه باتخاذ القرارات وتحديد الأهداف واختيار أساليب التنفيذ، ويتصف المدير بالسلبية والتسامح والتودد فهو يلعب دوراً ثانوياً في التوجيه والإرشاد والتأثير على مرءوسيه ودوره يكون مُركَّز في إعطاء معلومات لمرءوسيه بدلاً من تولي زمام المبادرة في توجيه أتباعه.

3- القيادة الديمقراطية:

تنبع من أساليب الإقناع والاستشهاد بالحقائق واعتبار أحاسيس الأفراد ومشاعرهم وجعلهم يشعرون بكرامتهم وأهميتهم، فالمدير الديمقراطي يستأنس بآراء أتباعه ويحترم مقترحاتهم وأفكارهم، ويقدم لهم المعلومات والإرشادات اللازمة ويلعب دوراً فعَّالاً في تنمية الابتكار والإبداع وتحقيق التعاون، والعمل بروح الفريق، وإطلاق قدرات المرءوسين وطاقاتهم الكامنة.

4- القيادة الديكتاتورية:

يتميز المدير الديكتاتوري بمركز السلطة المطلقة ويقوم بإنجاز أعماله من خلال التهديد والإجبار واستعمال مبدأ التخويف وهو دائماً يهدد بالثواب والعقاب للمرءوسين فيسلك المرؤوسون سلوكاً معيناً لإرضاء ذلك المدير.

(ب) القيادة حسب الهيكل التنظيمي:

1- القادة الرسمِّيون:

هم الذين يكتسبون سلطتهم من المنصب الذي تولوه وتيسر لهؤلاء القادة القيام بتوجيه وإرشاد المرءوسين وإصدار الأوامر لهم واتخاذ القرارات وتحديد الإجراءات والسياسات التي تؤثر على سلوك المرءوسين في العمل.

يحفز أتباعه ويوجههم ويتفهم مشاكلهم حتى تتوثق عرى الثقة بين مرءوسيه إلا أن هذه الثقة لا تأتي بصورة تلقائية بل هي نتيجة النشاطات في مجالات تنمية التعاون وإتاحة فرصة الاتصال في الاتجاهين بينهما.

2- القادة غير الرسميين:

أو القادة الطبيعيين وهم الأفراد الذين يعملون داخل جماعات دون أن يكون لهم منصب رسمي بدرجات مختلفة ولهذا نلاحظ أن سلوك الجماعة الصغيرة ينبع من ظاهرتين هما:

- أقدر الأشخاص على إشباع رغبات الجماعة وتحقيق أهدافها.

- قادرون على التأثير على سلوك وأعمال الجماعة وأفرادها.

(ج) القيادة حسب الموقف والشخصية:

عندما يجد المدير نفسه فيه وقوة شخصيته الذاتية. ويظهر هذا النوع من القيادة عادة في الشخص الذي يستطيع من خلال مقدرته الشخصية جمع أتباع يؤمنون بأفكاره وآرائه وصحة أهدافه.

القيادة الإدارية والإستراتيجية للمؤسسة:

إن ما يميز المؤسسة الناجحة عن غيرها من المؤسسات غير الناجحة هو انفرادها بوجود قيادة إدارية ذات كفاءة ديناميكية لأن المدراء أو القادة الإداريين هم مورد رئيسي ونادر لكل مشروع.

والقيادة الإدارية والإستراتيجية تتمثل في الإدارة العليا التي تتكون من رئيس مجلس الإدارة وأعضاء مجلس الإدارة والمدراء والعاملين وفي بعض الأحيان تشمل أيضًا الإدارة التي تعتمد على مصدر القوة أو السلطة التنظيمية التي تمثلها.

يمكن تصنيف القوة في التنظيم إلى أربعة مصادر:

1- **القوة المكافئة:** تبرز من إدراك الآخرين بأن إستراتيجيي المؤسسة يملكون القدرة على تحقيق نتائج إيجابية لهم وأن المكافئة التي يمكن الحصول عليها تكون بشرط التوافق مع رغبات وأهداف صانعي الإستراتيجية.

2- **القوة القهرية:** وتستند إلى إدراك الأفراد أن صناع الإستراتيجية هم قادرون بالفعل على تحقيق نتائج سلبية لهؤلاء الذين لا يتصرفون بالطريقة التي يرغب بها القادة.

3- **القوة الشرعية:** وهي قدرة التأثير التي تشتق من الميل أو الرغبة لدى الفرد لكي

يكون شبيهاً بحامل القوة والمدير الذي يستند إلى هذا النوع من القوة سيتجه للتركيز على الصداقة والارتباط العاطفي بالمدير.

4- **القوة الخبيرة:** وهي أكثر استقلالاً من الأنواع الأخرى لأن المدير الإستراتيجي يمتلك كفاءة خاصة أو معرفة أو خبرة وتجربة عميقة فيما يتصل بكل المسائل التي يسعى إلى التأثير فيها وتكون محل اهتمام الآخرين.

النوع الأول والثاني يستند على نظرية التوقع والتحفيز أي توقع المكافأة والجزاء كنتيجة مباشرة للسلوك التنظيمي.

والصعوبات المحتملة عند ممارسة السلطة على المدراء أو العاملين الذين يعتبرون أنفسهم خبراء في مجالات تخصصهم أكثر من قادة المؤسسة والمشاركين في صنع إستراتيجيتها هي إحدى المشاكل التي تواجه المؤسسة، لذلك نجد أن القيادة الإدارية للمؤسسة تميل إلى التركيز على عملية الإدارة الإستراتيجية أكثر من التركيز على التفاصيل الجوهرية الخاصة بالخطط الوظيفية التي يجري تنفيذها في المؤسسة، إن مفتاح ضمان نجاح الإدارة الإستراتيجية يتمثل في مقدرة وكفاءة قائد المؤسسة.

فكثيرٌ من المؤسسات الكبيرة أصبح نجاحها يقترن بأشخاص قادتها حيث أن هؤلاء القادة لهم الفضل الأول في تحقيق أعظم نجاح إستراتيجي لمنظماتهم في ميدان الأعمال.

وليس بالضرورة أن يكون هؤلاء القادة ذوو صفات استثنائية ولكنهم بالتأكيد امتلكوا البراعة الكافية لصياغة وتنفيذ إدارة إستراتيجية بالمثابرة والإصرار الكافي للتعبير عن القيم بالكلمات والأفعَّال خلال عقود من الزمن وفشل الإدارة العليا في وضع وتنفيذ إستراتيجيات ناجحة إلا أن هذه المؤسسات تمتلك أعداد كبيرة من المدراء وعدد قليل من القادة الإداريين.

أسلوب القيادة الإدارية:

يتكون أسلوب القيادة الإدارية من ثلاثة أنماط مترابطة هي:

1- **طريقة تحفيز الأفراد.**

نجد أن هناك إدارات تستند على أسلوب التحفيز الإيجابي من خلال التركيز على المسؤولية والتمييز على أساس الكفاءة والجدية في العمل وتنمية مشاعر الانتماء والولاء للمؤسسة وتطبيق أسس عادلة للمكافأة المادية والتقدير المعنوي في حين تعتمد إدارات أخرى أسلوب التحفيز السلبي مثل التلويح بالتهديد وفرض أنظمة عقاب إداري صارمة وتطبيق أنظمة مباشرة في الرقابة والسيطرة.

2- **القرار الإداري.**

فهو المؤثر في تحديد أسلوب القيادة الإدارية أي درجة تفويض صلاحيات إتخاذ القرار ودرجة مشاركة العاملين بعملية صنع القرار، فالقرارات قد تكون من صنع فرد واحد (توصف هنا القيادة بالأوتوقراطية)، أو قد تتخذ من قبل الإدارة العليا حصراً (توصف هنا القيادة بالبيروقراطية)، أو قد تتخذ القرارات عن طريق المشاركة وهو الأسلوب الذي يميز الإدارة اليابانية على وجه الخصوص.

3- **مجالات التركيز في بيئة العمل.**

يتعلق بالمنظور الذي يجد فيه المدير الإداري بأنه أفضل طريقة لجعل الأفراد ينجزون العمل بصورة مرضية وهذه الأساليب في القيادة الإدارية تختلف باختلاف القادة والإدارات والمواقف التي تتطلب في بعض الأحيان أساليب إدارية مختلفة يمارسها أو يختارها المدير الإداري.

أشكال القيادة:

1-   القيادة الجماعية:

تتضمن توزيع المسؤوليات والأدوار القيادية بين الأفراد حسب قدرات كل منهم وليس هناك شيء في طبيعة القيادة نفسها يتطلب تركيزها أو توزيعها، أي أن الجماعة قد توزع الوظائف القيادية في يد قائد واحد أو قد توزعها على عدد من الأعضاء.

ومن ثَمَّ فهي ضد تركيز القيادة في يد فرد، فيتم تحديد الأهداف معاً للوصول إليها معاً، فهي تنبع من المبادئ الديمقراطية.

يستخدم هذا الشكل من أشكال القيادة المشاركة كأسلوب قيادي وهذا يعني تخويل الأعضاء سلطة إتخاذ القرارات ووضع السياسات وإصدار الأوامر، وكلما زادت المشاركة الإيجابية كلما كان ذلك محققاً لمفهوم القيادة الجماعية. ومن أهدافها خدمة الفرد والمجتمع من خلال إشباع رغبات الفرد وتنمية القدرة على القيادة.

بالإضافة لتخفيف العبء عن المدير ودفعه ليتفاعل مع الجماعة، إلا أنها قد تؤدي إلى نتائج سلبية مثل الفوضى، حيث يصبح كل فرد له الحق في قول الكلمة النهائية فيما يتصل بعمل الجماعة، إلى جانب أنها قد تثير الصراع بين المدير والأتباع.

2-   القيادة الإدارية:

كثير مما قيل عن القيادة بصفة عامة ينطبق على القيادة الإدارية، فالمدير عليه أن يكون أكثر تأثيراً في سلوك أعضاء الجماعة بالأسلوب الديمقراطي بعيداً عن الأوتوقراطية والتسلطية والبيروقراطية.

أسس القيادة الإدارية:

تعتبر أسس القيادة الإدارية أسس موقفية، أي أنها قد تعمل في بعض المواقف ولا تعمل في البعض الآخر لأن استجابة المرءوسين لنفس الأسلوب يختلف حسب

طبيعة العمل وحسب الجنس وحجم الجماعة، كذلك تتوقـف عـلى مهـارات الإداري وحاجـات المرءوسين، ومنها:

- إعطاء المرءوسين قدر كبير من الحرية في وضع خطة العمل وتحديد الأهداف والإشراف الذي يتسم بالرقابة العامة، والتعليمات المفصلة وزيادة الشعور بالمسؤولية وارتفـاع الروح المعنوية.

- الحفاظ على تماسك الجماعة وتضامنها مما يحسن أداء المرءوسين.

- القيادة المتمركزة حول الجماعة مما يؤدي إلى نتائج أفضل من القيادة المتمركزة حول الإنتاج.

التدريب على القيادة:

الاهتمام بتدريب القادة الجدد، ومن طرق التدريب على القيادة:

- طريقة لعب الدور: حيث يقوم الفرد بدور المدير في مواقف متنوعة أشبه ما يكون بمواقف الحياة اليومية، ويرى البعض أن التدريب يمر بمراحل متتابعة، يبدأ بالتعرف على النواحي السلوكية المطلوب تعلمها، ثم يأتي دور ممارسة السلوك ثم نقل ما تم تعلمه في فترة التدريب على العمل الحقيقي في القيادة.

- التعرف على النواحي السلوكية المطلوب تعلمها.

- ممارسة السلوك.

- نقل ما تم تعلمه في فترة التدريب على العمل الحقيقي في القيادة.

صفات المدير الناجح:

- يضع نفسه موضع مرءوسيه ويتحسس الأمور كما يرونها ويشعرون بها.

- يبتعد عن اللوم والتقريع العلني الذي يجرح المشاعر وينتج عنه البغضاء والحقد.

- عدم إيهام المرءوسين بقدراته لأنهم سيكتشفون هذه القدرات.

- لابد أن يكون قريباً من مرءوسيه حتى يسهل الوصول إليه والوصول إليهم.
- يتصف بأنه جاد في تحسين مقدرته على التبصر في أحوال الأفراد واستخدامه بعض السلوكيات مثل الاعتناق والموضوعية والإدراك الذاتي.
- يتمتع بمستوى من الذكاء أعلى من مستوى ذكاء أتباعه.
- يتمتع بسعة الأفق وامتداد التفكير وسداد الرأي أكثر من أتباعه.
- يتمتع بطلاقة اللسان وحسن التعبير.
- يتمتع بالاتزان العاطفي والنضج العقلي والتحليل المنطقي.
- يتمتع بقوة الشخصية والطموح لتسلم زمام قيادة الآخرين.
- محاولة تطبيق النظريات عملياً والخبرة الشخصية مهمة أيضًا.
- الإحساس والتعاطف والرعاية والقدرة على فهم حاجات الأفراد ورغباتهم يؤدي إلى السلوك الصحيح في التعامل وزيادة الإنتاج، فمن يتلقى النفع عليه ألا ينسى ذلك أبداً ومن يمنح الآخرين عليه ألا يتذكر ذلك أبداً.
- الثقة بالنفس.
- الثقة بالآخرين.
- لا يتدخل لحل المشاكل إلا فيما ندر لحل المشاكل.
- ُيحسن استخدام وإدارة الوقت ويستعمله بكفاءة.
- يتميز المدير بقوة الحدس.
- يمتلك المدير حساً للفكاهة والدعابة.
- حاسم قاطع بتعقل.
- من ذوي العقول المنفتحة.

خصائص المدير الأوتوقراطي:

- حب السيطرة.

- إتخاذ القرارات منفرد.

- شكه وعدم ثقته بالآخرين يؤدي إلى القلق وعدم الاستقرار النفسي.

أنماط القيادة:

1- المدير الديكتاتور:

هو نمط قيادي يهتم بالعمل أكثر من اهتمامه بالناس فالعمل له أولوية من بين الأولويات الأخرى ويعتقد المدير الديكتاتوري بأن متطلبات العمل تتعارض مع احتياجات الأفراد وبالتالي فإنه يخطط وينظم ويوجه ويراقب العمل بشكل محكم على اعتبار أن ذلك يقلل من الصراع الإنساني.

الافتراضات الأساسية:

يفترض المدير الديكتاتوري افتراض أساسي عن طبيعة الناس كالتالي:

- العمل في حد ذاته غير مرغوب لمعظم الناس.

- معظم الناس غير طموحين ولا توجد لديهم رغبة لتحمل المسؤولية.

- يتمتع معظم الناس بقدرة قليلة على الابتكار في حل المشكلات التنظيمية.

- التحفيز فقط يتم في الأشياء الفسيولوجية (مأكل، مشرب، مسكن).

- لابد من الرقابة المباشرة على معظم الناس ويجب إجبارهم على تحقيق أهداف المؤسسة.

طريقة الإدارة:

يدير المدير الديكتاتوري طريقته حيث يرى الكفاءة في العمل تحقق رضا الناس وبالتالي يعتقد أنه:

- مسؤول شخصياً عن تنفيذ العمل من خلال الآخرين فهو صاحب السلطة وعلى الآخرين الطاعة.

- أنه يقوم بتخطيط العمل بشكل محكم وكذلك الأنظمة والقوانين واللوائح وذلك لأنهم كسالى من وجهة نظره.
- تنظيم العمل بشكل محكم وعلى أساس السلطة هي العمود الفقري والطاعة حتمية.
- في عملية التوجيه قانون الثواب والعقاب بشكل محكم ويدفع الناس للعمل دفعاً.
- يضع معايير رقابية محكمة لقياس الأداء وتصحيح الانحرافات أولاً بأول وعقاب المخطئ ليكون عبرة ويعتمد على الزيارات المفاجئة لاكتشاف الأخطاء.

كما يعتقد المدير الديكتاتوري أن هناك تعارض بين أهداف المؤسسة وأهداف الأفراد في حال تحقيق أهداف الأفراد فإن ذلك يكون على حساب أهداف المؤسسة فنظرته دائماً إلى الأهداف القابلة للقياس مثل الفائدة المادية، أما الأهداف المتعلقة بالأفراد فهي لا قيمة لها إذا لم تؤد إلى تحسين الإنتاج بشكل مباشر وقابل للقياس.

ويعتقد المدير الديكتاتور أنه أصلح شخص لوضع الأهداف وهو الذي يعرف مصلحة التابعين فلا يُشركهم في وضعها ولا يؤمن كثيراً بالمشورة.

نظرة المدير الديكتاتوري للوقت تترجم في سلوكه الإداري وبالتالي فإننا نتوقع منه ما يأتي:

- البرامج الزمنية محددة تحديداً دقيقاً.
- ينظر إلى البرامج الزمنية بقدسية لأنها تحدد ببداية ونهاية لكل الأعمال.
- يعطي تعليمات مختصرة شفوية ولا يحب الحديث الطويل لأنه يعتبر مضيعة للوقت.
- يفضل التقارير المختصرة والتي توضح المطلوب بسرعة.
- مفهوم السلطة عند المدير الديكتاتور إنها الحق المخول له لاتخاذ قرارات يحكم تصرفات الآخرين ويستنتج من ذلك:

- أن السلطة حق له وليست حقاً للآخرين.

- إن السلطة تفوض وقد فوضت له من أعلى.

- السلطة تحكم تصرفات الآخرين والأساس فيها الالتـزام بتنفيـذ مـا يطلـب مـن الآخرين فالسلطة لدى المدير الديكتاتوري بمفهوم (سيد وعبيد) أو معناها الطاعة العمياء.

نوع العلاقات:

العلاقات السليمة عند المدير الديكتاتوري هي علاقة شخص يأمر، وشخص يطيع الأوامر وتعتبر إستراتيجية المدير الديكتاتوري فصل المرءوسين عن بعضـهم، ولا يفضل العلاقـات غـير الرسمية وكذلك الشخصية ويعتقد بأن هذا النوع من العلاقات لا يحقق الترابط بين المرءوسـين ويؤدي إلى ضياع المسؤولية والسلطة، وخلال الاجتماعات لا يجعل المناقشات تدور بين الأعضاء ويتصرف على أنه محور الحديث وأن وجهات النظر يجب أن تكون من خلالـه، وكـذلك فهـو يعتقد أن أحسن لجنة هي اللجنة المكونة من شخص واحد.

- **طريقة التحفيز:** يعتقد أن الأسلوب المفضل للتحفيز إعطاء الموظف المكافآت الماديـة أو الترقيات في مناصب أعلى ولا يؤمن بأساليب التحفيز الأخرى كما أنه يـؤمن بـأن الجـزاء المادي هو الحافز السلبي الفعَّال لوقف الأفراد عن القيـام بأعمـال يجـب إلا يقومـوا بها.

- **معالجة الأخطاء:** الخطأ في نظر المدير خطأ متعمد وبالتالي فمن الضروري معاقبة الشخص المخطئ ليكون عبرة للآخرين ويرى كذلك أن التفتيش المفاجئ أفضل أنواع المتابعة.

- **الابتكار:** برامج العمل التفصيلية والسياسـات الدقيقـة كلهـا تهـدف إلى تخفيـض الجزء الفكري عند المنفذين فليس من المتوقع مـنهم أن يفكـروا ويقترحـوا، وإذا

تم توصيل مقترحات من أسفل المدير فإنه غالباً ما يحكم عليها بسرعة وبأنها لن تنفع.

- **تقييم العاملين:** يقيّم المدير الديكتاتور مرءوسيه كما يقيّم نفسه بالإنتاج أنه يتحدى نفسه ويتحدى من يتعامل معهم بما يحققه ويساعد مرءوسيه بالتزود بالجديد في إدارة العمل لتحقيق كفاءة أعلى دون النظر إلى التدريب في مجالات العلاقات الإنسانية والسلوك التنظيمي.

- **الصفات الشخصية:** إن مفتاح فهم المدير الديكتاتوري يأتي من دافعه الذاتي نحو إثبات نفسه من خلال الأداء الذي يحققه. إن هذا الإحساس مستمد من أنه قوي في ذاته ليستمد توجيهاته من نفسه.

2- المدير المجامل:

هو الذي يهتم بالناس أكثر من اهتمامه بالعمل فالناس عنده لهم الأولوية الأولى من بين الأولويات الأخرى.

الافتراضات الأساسية:

- الحاجات الإنسانية متعددة ويختلف الأفراد في حاجاتهم ودوافعهم كما تختلف الحاجات للفرد الواحد باختلاف الزمن. الحاجات الإنسانية تتدرج كالتالي: الحاجات الفسيولوجية، الأمان، الانتماء، المركز الأدبي، تحقيق الذات.

- الناس بطبيعتهم طيبون ووظيفة المدير مساعدة مرءوسيه في حل مشاكلهم.

- المدير المجامل يصور نفسه على أنه الأخ الأكبر ووظيفته مساعدة الآخرين وأن التزامه العاطفي الاجتماعي كبير.

طريقة الإدارة:

المدير المجامل يدير على طريقة أن رضا الناس يحقق الكفاءة ويعتقد من خلال تصوراته ما يلي:

- يعتقد أن كل شخص مسؤول عن تنفيذ العمل حيث أن المدير المجامل يقود المرءوسين ولا يدفعهم.

- أن طريقته هي طريقة كماليات.

- تخطيط العمل ولكن بدون أحكام حيث أن الناس طيبون.

- يتسامح مع مرءوسيه والفصل التحفيزي الذي يعمل على أساسه هو محور عاطفي اجتماعي.

- يعتمد على التنظيم غير الرسمي ليعرف ما يدور في التنظيم الرسمي ولا يتدخل للتصحيح بسرعة أو بعنف لكي لا يسبب مضايقات لأحد، فهو يرى أن الإدارة فن التعامل مع الناس.

- **النظرة للأهداف:** يعتقد المدير المجامل أنه لا يمكن تحقيق الأهداف المؤسسة إلا إذا حققنا أهداف الأفراد، ومدراء هذا النمط يرددون دائماً أن مصلحة العمل تتطلب الاهتمام أولاً بمصلحة الأفراد.

- **النظرة للزمن:** لا يعتبر المدير المجامل أن الوقت أهم من العلاقات بين الأشخاص، وهو يستخدم الوقت لبناء علاقات طيبة أكثر مما يستخدم في ترتيب طريقة العمل، وأنه يدير العمل كأنه في نادي أو مؤسسة اجتماعية، وينظر المدير المجامل للزمن على أنه من ذهب ويجب استخدامه في علاقات صداقة جديدة.

- **مفهوم السلطة:** يفهم السلطة على أنها ذلك القبول من المرءوسين المتعلق بتنفيذ عمل معين، ومعنى ذلك أن السلطة هي سلطة المجموعة وليست سلطة الرئيس.

- والمدير المجامل يعتبر أن رضا المجموعة عليه هو السلطة التي يتمتع بها، وفي غياب رضا المجموعة فهو لا يتمتع بأي سلطة.

- **نوع العلاقات:** المدير المجامل يهتم بالعلاقات الغير مخططة أكثر من العلاقات المخططة وهو يشجع العلاقات بين الأفراد ومن الطبيعي أن تظهر الشللية في

إدارته نتيجـة تغـذيتها بالأحاديـث وبـالاهتمام بالنـاس وأنـك تشـعر في اجتماعاتـه مـع مرءوسيه وكأنه في جلسة عائلية.

- **طريقة التحفيز:** يعتقد المدير المجامل أن وظيفته الأساسية هي إسعاد الناس لكي يعملوا، ويؤمن بأن المدخل السلوكي في التحفيز هو أحد المداخل الملائمة فنجده يستخدم الكلمة الطيبة في التحفيز.

- **معالجة الأخطاء:** المدير المجامل لا يوقع الجزاء على المخطئ وإن اضطر إلى ذلك فيكون بطريقة خفيفة، وهو لا يحب التفتيش المفاجئ لأنها طريقة متابعة تضايق الناس ولكنه يعتمد على علاقاته غير الرسمية في معرفة ما يجري.

- **الابتكار:** المدير المجامل لا يعترض ولا يستهزئ بالاقتراحات الجديدة والتي تأتي من أسفل ولكنه يخشى أن يسبب أي تغيير مشاكل إدارية.

تقييم الناس خلال:

اختيارهم وتدريبهم: إن علاقة المدير المجامل بالناس يجعله يحكم على الأفراد بطريقة تعاملهم مع الناس، فهو يختارهم على أساس مدى انسجامهم مع المجموعة.

والمدير المجامل مستعد دائماً لحضور برامج تدريبية أو محاضرات مسائية أو يرسل مرءوسيه إلى برامج تهتم بالعلاقات الإنسانية ويعتبرها أهم من أي برامج أخرى.

الصفات الشخصية:

أراء الآخرين هي التي تحدد سلوك المدير المجامل فهو موجه من الخارج ويفتخر بأنه شخص طيب أكثر من افتخاره بأنه حقق إنتاجاً.

3- المدير البيروقراطي:

يختلف المفهوم الشائع للبيروقراطية عن المفهوم العلمي لها فكلمة بيروقراطية بمعناها السلبي مرتبطة بالجمود والروتين في العمل والأداء البطئ وتركيز الصلاحيات في أيدي أشخاص غير مناسبين كما تعني الفشل في تحديد الصلاحيات والمسؤوليات في المؤسسة في شكل واضح والتهرب من المسؤولية أو نقلها أو التخلص منها، أما البيروقراطية بالمفهوم العلمي هو الذي نعنيه في هذه الدراسة.

خصائص الإدارة البيروقراطية:

- تحديد الاختصاصات الوظيفية في المؤسسة بصورة رسمية في ضمن إطار القواعد المعتمدة وأيضاً ضمن التخصص وتقسيم العمل.

- توزيع الأعمال والأنشطة على الأفراد بطريقة رسمية وبأسلوب محدد وثابت مستقر لكل وظيفة.

- تخويل الصلاحيات لأعضاء المؤسسة لضمان سير الأعمال والأنشطة وفق قواعد وأيضاً تحديد نطاق الإشراف لكل مسؤول إداري.

- الفصل بين الأعمال الرسمية لأعضاء المؤسسة وبين الأعمال الشخصية وسيادة العلاقات الرسمية بعيداً عن التحيز والعاطفة وإعطائها الدور الأساسي.

- تعيين الأفراد العاملين في المؤسسة وفقاً للقدرة والكفاءة والخبرة الفنية في النشاطات التي يؤدونها بما يتوافق وطبيعة الأعمال المحددة في قواعد وأنظمة العمل.

- تقسيم المؤسسة على أساس التدرج الهرمي أي التقسيم الإداري على مستويات تنظيمية محددة بشكل دقيق وحاسم.

- تعتمد في التعامل مع الأفراد العاملين على الوثائق والمستندات حيث يتم حفظ هذه الوثائق بطريقة يسهل الرجوع إليها.

- تتصف قواعد المؤسسة البيروقراطية بالشمول والعمومية والثبات النسبي.

• تتميز المؤسسة البيروقراطية بتحقيق الأمن الوظيفي لأفرادها من خلال التقاعد - زيادة الرواتب - العمل على إيجاد إجراءات ثابتة بالترقية والتقدم المهني ورفع كفاءتهم الفنية.

4- المدير قائد الفريق:

هو النمط الذي يهتم بالعمل كثيراً وفي نفس الوقت يهتم بالناس كثيراً والذي يسيطر على عقل المدير هنا هو تحقيق أفضل النتائج وليس مجرد نتائج من أفراد مؤمنين بالعمل على أقصى درجة من الالتزام وذلك من خلال نسج أهدافهم في أهداف المؤسسة.

الافتراضات الأساسية:

• العمل طبيعي مثله مثل اللعب إذا كانت الظروف ملائمة.

• الرقابة الذاتية لا يمكن الاستغناء عنها في تحقيق أهداف المؤسسة.

• الطاقة الابتكارية لحل المشكلات التنظيمية والإدارية موزعة بإنتشار بين الناس.

• التحفيز يتم على المستوى الاجتماعي ومستوى المكانة ومستوى تحقيق الذات بالإضافة إلى المستوى الفسيولوجي ومستوى الأمان.

• ممكن أن يقوم الناس بتوجيه أنفسهم ذاتياً ويكونوا مبتكرين إذا تم تحفيزهم بشكل سليم.

طريقة الإدارة:

• مسؤولية تحقيق النتائج هي مسئولية الجميع وليس هو شخصياً، فنجاح الموظف يعني نجاح المؤسسة والعكس.

• مسؤولية التخطيط مسؤولية الجميع فالكل يشارك بشكل حقيقي وفعَّال، فالالتزام هنا ناتج من مشاركة حقيقية.

- الفهم العالي بالمسؤولية والالتزام يجعل الرقابة ذاتية.

- الإدارة في نظر المدير قائد الفريق هي عملية صهر المجهود الجماعي في قالب واحد.

النظرة للأهداف:

المدير الفعَّال يقوم بوضع أهداف المؤسسة مع مرءوسيه ورؤسائه بحيث تكون هناك أهداف لكل من المناصب الإدارية متفقة مع المناصب الإدارية الأخرى رأسياً وعمودياً.

إن تحديد المسؤولية عن تحقيق نتائج معينة بالنسبة لكل منصب إداري هو الوسيلة الوحيدة لنسج أهداف الفرد في أهداف المؤسسة وتوفير الالتزام نحو تحقيقها.

نظر المدير إلى النتائج:

- لا توجد داخل المؤسسة ولكن تأتي من خارجها.

- يمكن تحقيقها باستغلال الفرص وليس بحل المشاكل.

- تتطلب المبادرة والابتكار.

- تتطلب أن يركز المديرون جهودهم على المفردات القليلة التي تحقق الجزء الأكبر منها.

- **النظرة للزمن:** يهتم المدير قائد الفريق بالوقت فهو أغلى شيء في الوجود ولا يمكن إحلاله ويجب استثماره.

- **مفهوم السلطة:** مستمدة من الوقت والموقف هو صاحب السلطة وهو يملي ما يجب عمله. وقائد الفريق لا يرى تعارضاً بين التنظيم الرسمي وغير الرسمي. وهو لا يتفق مع الأغلبية بالرغم من أنه يحترم رأيها.

- **نوع العلاقات:** علاقات من جميع الأشكال وكلها مقبولة، علاقات فريق، علاقات ثنائية، علاقات فردية.

- **طريقة التحفيز:** يعتمد على الالتزام وروح الفريق الحق والتأثير من خلال الفهم المتبادل والاحترام الذاتي والمتبادل كإستراتيجية أساسية للتحفيز، يعتقد أن الحوافز المادية تتلاشى فعَّاليتها إذا تعود الشخص عليها وكذلك يعتقد أن المسألة أكثر من مجرد أخذ وعطاء، إنها مسألة رسالة.

- **معالجة الأخطاء:** مفهوم الرقابة عند المدير قائد الفريق رقابة ذاتية وأن الخطأ نتيجة سوء الفهم، ولابد من معرفة سببه.

- **الابتكار:** يشجع المدير الابتكار من خلال توفير مناخاً صالحاً لتوليد أفكاراً جديدة ويؤمن بأن من لا يتقدم فإنه يتقادم.

- **تقييم الناس:** على أساس مدى قدرة ربط أهدافهم مع أهداف المؤسسة وعلى أساس ما يمكن أن يحققوه في المستقبل.

- **الصفات الشخصية:** لا يتقيد بالتقاليد والقوانين والمبادئ إذا ثبت فشلها ويقبل مبادئ جديدة، قليلاً ما يفقد أعصابه لأن ذلك معناه عدم احترام الآخرين.

المستويات الإدارية المختلفة:

مستويات إتخاذ القرارات الإدارية تنقسم إلى ثلاثة مستويات:

المستوى الإستراتيجي:

القرارات في هذا المستوى ذات صبغة غير تقليدية فهي قرارات تتعلق بالمستقبل لعمل خطط طويلة المدى والتي تؤثر في المؤسسة ككل وهي تتعلق بمواقف جديدة غير محددة ولهذا نجد أن هذا المستوى يحتاج لاتخاذ قرارات غير مبرمجة وإلى نوع خاص من المعلومات التي تدعم منفذي الإدارة العليا.

فالمدير في المستويات العليا يمارس تأثيراً قوياً في مجريات نشاطات الوزارة ويلعب دوراً إستراتيجياً في وضع الخطة ويمارس نشاط الرقابة الشمولية أو الإستراتيجية،

وتعتمد مصادر البيانات والمعلومات التي يحتاجها القادة في الإدارات العليا على المصادر الداخلية والخارجية ويمكن أن تكون هذه البيانات والمعلومات رسمية أو غير رسمية أي أنهم يستخدمون طرق مختلفة للحصول على المعلومات التي تساعدهم في حل المشكلات غير النمطية وغير المتكررة عادة هناك جزء لا بأس منه من المعلومات التي يتم الحصول عليها في هذا المستوى تعتمد على مصادر ومعلومات غير رسمية فهي ذات أهمية كبيرة لأنها ليست معلومات روتينية يمكن الحصول عليها من أي مكان.

المستوى المتوسط:

القرارات في هذا المستوى شبه نمطية وإجراءات إتخاذ القرارات في هذا المستوى تكون محددة مسبقاً وفي ظروف شبه مؤكدة ولكن هناك حاجة إلى جمع معطيات حول الظروف الغير مؤكدة والخاصة بأي حالة جديدة قبل إتخاذ القرار.

تتعامل هذه القرارات في تحديد مسار العلاقات بين الوظائف وترتيب العمل وتدريب العاملين وحل مشكلاتهم، فهو خليط من كل نشاطي التخطيط والرقابة وهو يحتاج إلى نظم معلومات خاصة تلائمه وتساعده في اختيار القرار الأمثل لكل حالة من الحالات.

المستوى الأدنى:

في هذا المستوى تتعامل القرارات مع الأنشطة اليومية أي قصيرة المدى وتكون معايير قياسية وثابتة لذلك تكون أسباب ونتيجة القرار محددة وهذا النوع من القرار يتطلب الالتزام بأساليب وقواعد وأوامر وإجراءات خاصة بعمليات رقابية وعلى متخذ القرار الالتزام بها وتطبيقها ومراقبة تنفيذها في عملية إتخاذ القرار التي تتم بصفة آلية ولا تحتاج إلى معلومات من نوع خاص.

أدوار القائد:

هناك دوران أساسيان للقادة يجب عليهم الاهتمام بهما وهما:

1- إنجاز المهمة ولهذا تتواجد مجموعتهم. ويضمن القادة الوفاء بهدف المجموعة. وفي حالة عدم الوفاء بالهدف فإن النتيجة ستكون حالة من خيبة الأمل وعدم الاتساق والنقد وربما في النهاية تفكك المجموعة.

2- الحفاظ على العلاقات الفعَّالة ما بين أنفسهم وأعضاء جماعتهم، وبين الأفراد داخل المجموعة.

وهذه العلاقات ستكون فعَّالة إذا ما ساهمت في إنجاز المهمة. ويمكن تقسيمها على المعنيين داخل الفريق وروحه المعنوية وإحساسه بوحدة الهدف، وعلى هؤلاء المعنيين بالأفراد وكيفية تحفيزهم.

أساليب القيادة:

هناك أساليب عديدة يتبناها القادة يمكن تصنيفها كما يلي:

- **الموهبة**: يعتمد القادة الموهوبون على شخصياتهم وقدراتهم على الإلهام والتحفيز وعلى الهالة المحيطة بهم. وهم عادة قادة خياليين يميلون لتحقيق الإنجازات، ويمكنهم تحمل المخاطر المحسوبة، ولديهم قدرات عالية في فنون الاتصال.

  أما القادة غير الموهوبين فيعتمدون بصورة أساسية على معارفهم (السلطة تذهب إلى من يعرف)، وعلى ثقتهم الكاملة بأنفسهم وهدوئهم، واتجاههم التحليلي في التعامل مع المشكلات.

- **الديمقراطي**: المدير الاستبدادي يفرض قراراته، ويستخدم مواقعه في إجبار الأفراد على تنفيذ ما يقال لهم. أما القادة الديمقراطيون فيشجعون الأفراد على المشاركة والاشتراك بأنفسهم في إتخاذ القرار.

- **المتمكن:** المدير المتمكن يلهم الأفراد من خلال رؤيته للمستقبل ويمكّنهم من تنفيذ أهداف الفريق. أما المتحكم فهو يحرك الأفراد لإجبارهم على طاعتهم له.
- **إجرائي:** المدير الإجرائي يبادل المال والوظائف والأمن بالطاعة. أما المدير التحويلي يحفز الأفراد على بذل المزيد من الجهد لتحقيق مزيداً من الأهداف.

تأثير الموقف:

يؤثر الموقف الذي يعمل فيه القادة والمرؤوسين على الاتجاهات التي يتبناها القادة، وليس هناك أفضل من الأسلوب المثالي للقيادة، والأمر كله يتوقف على الموقف والعوامل المؤثرة في درجة الملائمة الأسلوب هي:

- نوع المؤسسة.
- طبيعة المهمة.
- خصائص المجموعة. (العمل بروح الفريق)
- شخصية القائد.
- الاتجاه إلى إنجاز المهام بأسلوب (الاستبدادي/ المتحكم).

صفات القيادة:

قد تختلف الصفات المطلوبة في القادة بعض الشيء في المواقف المختلفة، ولكن البحث والتحليل للقادة المؤثرين قد حددا عدداً من الخصائص العامة التي يتحلى بها القادة الأكفاء كالتالي:

- **الحماسة:** لإنجاز الأشياء التي يمكنهم من خلالها الاتصال بالآخرين.
- **الثقة:** الإيمان بأنفسهم بصورة يمكن أن يشعر بها الآخرون (ولكن لا ينبغي أن تكون الثقة زائدة عن الحد، فقد تقود إلى الغطرسة).
- **الشدة:** الإصرار والمطالبة بمعايير مرتفعة، والسعي للحصول على الاحترام وليست الشعبية بالضرورة.

- **التكامل:** اصدق مع النفس، التكامل الشخصي، الرشد والأمانة التي تولد الثقة.
- **الدفء:** في العلاقات الشخصية، رعاية الأفراد ومراعاة مشاعر الغير.
- **التواضع:** الرغبة في الاستماع للآخرين وتحمل اللوم، لا تكن متكبراً أو متغطرساً.

ما الذي تطلبه المؤسسات من القادة؟

- قادة يفسحون المجال الصحيح أمام الأفراد للأداء بصورة جيدة بدون رقابة وليس رؤساء.
- هياكل سطحية حيث يمكن الثقة في أن الأفراد سيعملون بأقل قدر ممكن من الإشراف.
- مجموعة متنوعة من الأفراد يمكنهم أن يتخذوا خطوة قيادية نحو أحد أدوار القيادة عندما يكون من الضروري التصرف بطريقة مسؤولة.
- ثقافة تمكنهم من الاستجابة سريعاً لمطالب العملاء وبمرونة في مواجهة التكنولوجيا المتغيرة.

السلوك الذي يقدره الأفراد في القادة:

- إظهار الحماسة.
- مساندة الأفراد الآخرين.
- الاعتراف بالجهد الفردي.
- الاستماع إلى أفكار ومشكلات الأفراد.
- التوجيه.
- إظهار التكامل الشخصي.
- الالتزام بفعل ما يقول.
- تشجيع فريق العمل.

- التشجيع النشط للتغذية المرتدة.

- تنمية الأفراد الآخرين.

قائمة مراجعة القيادة

المهمة:

- ما هو الشيء الواجب عمله ولماذا؟

- ما هي النتائج اللازم تحقيقها وفي أي مدة زمنية؟

- ما هي المشاكل الواجب التغلب عليها؟

- إلى أي مدى تعتبر هذه المشاكل مباشرة؟

- هل هناك أزمة؟

- ماذا يجب عمله الآن للتعامل مع هذه الأزمة؟

- ما هي الأولويات؟

- ما هي الضغوط التي يمكن استخدامها؟

الفرد:

- ما هي نقاط قوته وضعفه؟

- ما هي أفضل الطرق المحتملة لتحفيزه؟

- ما هي المهام التي هو بارع في أدائها؟

- هل هناك مجال لزيادة المرونة بتطوير مهارات جديدة؟

- ما مدى كفاءة أدائه في تحقيق الأهداف والوفاء بمعايير الأداء؟

- هل هناك أي مجالات تتطلب تنمية المهارات أو الكفاءة؟

- كيف يمكنني أن أدعم الفرد بنوع من المساندة والتوجيهات التي يحتاجها لتحسين أدائه؟

الفريق

- ما مدى حسن تنظيم الفريق؟

- هل يعمل الفريق معاً بصورة جيدة؟

- كيف يمكن تحقيق التزام وتحفيز الفريق؟

- ما هي الأعمال التي يقوم بها الفريق بكفاءة والأخرى التي لا يقوم بها بكفاءة؟

- ماذا يمكنني أن أفعل لتحسين أداء الفريق؟

- هل يتصف أعضاء الفريق بالمرونة والقدرة على تنفيذ مهام مختلفة؟

- هل هناك مساحة لمنح الفريق صلاحيات حتى يمكنه تحمل مسؤوليات أكبر في وضع المعايير ومراقبة الأداء واتخاذ الإجراءات التصحيحية؟

- هل يمكن تشجيع الفريق على العمل معاً لتقديم أفكار لتحسين الأداء؟

القيادات المؤسسية:

تؤكد التجربة على أن أي مؤسسة لا يمكن أن ترتفع فوق مستوى قياداتها وذلك يشكل خطورة على مؤسساتنا. خاصة مع الطرق التقليدية التي تختار على أساسها القيادات المؤسسية. أن نتائج البحوث حول شخصية الإنسان تجمع على أن الأفراد الأصحاء في أي مجتمع يتطلعون إلى معاملة تقدر كفاءتهم وتشعرهم بذاتهم وتحافظ على استقلاليتهم في إطار من الثقة والاحترام المتبادل. والشكل الذي يتم به التعامل والتفاعل بين الإدارة المؤسسية والمسؤولين عن تنفيذ البرامج البحثية وخدمة المجتمع هو الذي يفرق بين الإدارة التقنية والإدارة التفاعلية. والأخيرة تُمثِّل حتمية لدخول مؤسساتنا سباق القرن الحادي والعشرون. وهنا يجب التركيز على أهمية الإدارة التفاعلية ليس فقط كاختيار ولكن كضرورة تتطلبها المتغيرات المحلية والعالمية والتطور المذهل في ثورة المعلومات وتكنولوجيا الاتصالات.

القيادة التقنية والقيادة التفاعلية:

عادة ما يهتم التقني بالقوانين واللوائح والمهام أكثر من اهتمامه بالقائمين على هذه المهام، وهذا الأسلوب قد ينمى مشاعر الغضب والاستياء التي تنعكس سلبا على جودة وإنتاجية المؤسسة المؤسسية سواء في العملية التعليمية أو البحث العلمي أو خدمة المجتمع. أما القيادي التفاعلي فهو الذي تتواءم إنسانيته مع اهتمامه بالقوانين واللوائح حيث يركز اهتمامه على علاقات العمل من خلال تفهم مشكلات العاملين واحتياجاتهم بقدر تركيزه على أهداف ورسالة المؤسسة المؤسسية والقوانين واللوائح المؤسسة لها. أن التركيز على أهداف المؤسسة المؤسسية يرفع من إنتاجيتها.

أما التركيز على العلاقات الإنسانية فيحافظ على مقدرتها الإنتاجية، وحتى يكون المدير تفاعليا فيجب أن يتحلى ببعض المهارات والصفات الهامة. واهم هذه المهارات هي مقدرة التأثير في الآخرين بشرف والاستماع النشط والإيمان بأهمية التغذية الراجعة وضرورة الاستفادة منها والقدرة على المواجهة والثقة بالنفس واحترام الآخرين وتقدير مشاعرهم وفهم أوجه القوة والضعف في القائمين على رسالة المؤسسة.... الخ). كل هذه المهارات وكذلك بعض الصفات الهامة. مثل الأمانة والتكامل والنضج... الخ، تجعل المدير التفاعلي قدوة للآخرين، وبذلك يلقى أسلوب تفاعله معهم واستثماره لجهودهم- لمصلحة المؤسسة المؤسسية ورسالتها - مزيدا من الرضا والاستحسان.

هناك نظرة قاصرة لدى الكثير من القائمين على الإدارة على اختلاف مستوياتهم ومسؤولياتهم، حيث يرى بعضهم أن الإنتاجية هي محور العمل دون الاهتمام بقيم ومعتقدات العاملين وتأثيرها على احتياجاتهم وسلوكهم. والاهتمام بهذا الجانب بالقدر الذي يسمح للعاملين بإشباع حاجاتهم الوظيفية يعد من أهم سمات قيادات المستقبل على مستوى رؤساء الأقسام، وكذلك القائمين على إدارة الأجهزة المعاونة. وبصفة عامة فإن المدير الناجح هو الذي لا ينظر للعاملين معه نظرته للثروات

المادية وأدوات الإنتاج. حيث أن هذه النظرة تؤثر سلبا على العاملين وتقديرهم لذاتهم ومدى ولائهم للعمل المؤسسي بصفة خاصة وانتمائهم القومي بصفة عامة. إنَّ قدرة المدير على الموازنة بين العمل والعاملين تنعكس على نتائج رسالة المؤسسة في المدى البعيد.

وعلى ذلك تأتي بعض شعارات "مصلحة العمل" التي كثيرا ما يتشدق بها الكثيرون، ببعض العائد لبعض الوقت ولكن عائدها في المدى البعيد غالباً ما يكون دون المتوقع، إذا اخفت وراءها بعض الإجراءات التي تطبق لتصفية حسابات لا تحركها إلا دوافع شخصية ترفع فيها قيمة الولاء الشخصي فوق قيمة الولاء.

وعلى ذلك فالمدير الناجح هو القادر على التعرف على العاملين واهتماماتهم، ولا يمكن أن يتم ذلك إلا من خلال مهارات الاتصال العالية. أن غياب هذه المهارات قد يصيب القائمين على الإدارة العليا في مجتمع المؤسسة بالأنا المتضخمة وشعور التميز ومحاولة كسب التأييد الزائف من خلال بعض الأساليب التي تضر بمناخ الثقة وتقضى على المبادرة وتحفز على النفاق الإداري. كما أنه من الأساليب الإدارية المريضة التي انتشرت بين الأوساط المؤسسية أسلوب التجاهل الذي استشرى وأصبح سرطانيا، وكذلك أساليب قتل التلقائية في الممارسة الديمقراطية بالمجالس المؤسسية من خلال التكتل لخدمة بعض الأهداف أو السياسات التي تخفى وراءها مصالح شخصية أو فئوية.

فن القيادة المؤسسية:

إن فن إدارة العمل مثله كمثل الدراجة - ثنائية العجلة- حيث تُمثِّل العجلة الخلفية المعرفة التقنية والإلمام باللوائح والقوانين وفيها مقومات الحركة للأمام وتمثل العجلة الأمامية المعرفة بالعاملين وعلاقاتهم واهتماماتهم واحتياجاتهم، وعليه فهي تعطى الدراجة القيادة والتوجه وذلك من خلال ترجمة قوة العجلة الخلفية إلى حركة ذات هدف واضح ومحدد. وعلى ذلك فانه وبعد أن أصبحت المؤسسات المؤسسية

معقدة ومتشابكة وفيها كثير من الضوضاء والغموض الإداري فان القيادة التفاعلية تُمثِّل مطلباً للارتقاء برسالة المؤسسة والوصول بها إلى حسن الأداء وجودته.

إن ثقافة المؤسسة المؤسسية لا تقل أهمية عن الإمكانات المادية والقدرات والتطورات التكنولوجية، وتعتبر علاقات العمل والعاملين والقيم السائدة في مجتمع المؤسسة أهم عناصر المحتوى الثقافي الذي يجب التركيز عليه إذا كان ولابد من النهوض برسالة المؤسسة، وإعادة مناخها لضمان المحافظة على مستقبل الديمقراطية والأمن والاندماج الاجتماعي داخل أسوار المؤسسة وخارجها. خاصة حينما ينضم خريجوها إلى سوق العمل. كل ذلك يستوجب أن تقوم على قيادة وتوجيه حركة المؤسسة المؤسسية إدارة تفاعلية تستوعب متغيرات العصر وتلم بالأساليب الجديدة في هندسة وتكنولوجيا الإدارة. أن غياب التفاعل في الإدارة المؤسسية قد يحول منصب القادة الجامعيين إلى مديري أرشيف يوقعون على أوراق بتأشيرات محفوظة، ويستصدرون قرارات غالباً ما يعوزها الرشد الإداري والجانب الإنساني. ويمكن اختصار فن القيادة المؤسسية في المقدرة على فهم اللوائح والقوانين ومحاولة الالتزام بها دون عبادتها أو المغالاة في تطبيقها مما قد يضر بالنواحي الإنسانية والنسيج الاجتماعي وثقافة الثقة والإطار الديمقراطي للمؤسسة المؤسسية.

القيادة التفاعلية:

ترتكز فلسفة القيادة التفاعلية على بعض العناصر الهامة التي يجب أن نوليها الكثير من اهتمامنا في مراحل التحول من النمط التقني إلى النمط التفاعلي في إدارة مؤسسة المستقبل، علماً بان هذا التحول أصبح ضرورة لا اختيارا ومفتاحا لدخول مؤسساتنا القرن الحادي والعشرون. وكل هذه العناصر تعتمد على تطوير العلاقة بين الإدارة والعاملين إلى علاقة إنسانية أساسها الثقة والاحترام المتبادل والمقبول بمبدأ التعددية الفكرية كمنهاج للوصول بالإدارة المؤسسية إلى حسن الأداء. ويختلف ذلك عن الإدارة التقنية والذي يعتمد بالدرجة الأولى على تطوير علاقات

الشك التي تشبه العلاقة بين الأب القاسي والابن الشقي. وفيما يلي أهم العناصر التي ترتكز عليها فلسفة الإدارة التفاعلية:

1- إن الهدف الإستراتيجي للإدارة التفاعلية هو بناء العلاقات لخدمة رسالة المؤسسة في ضوء المبادئ الإرشادية التي تضبط إيقاع القيم المؤسسية.

2- يجب أن تبنى الإدارة حول روابط الثقة في علاقات العاملين بالمؤسسة، ويتطلب هذا تكوين علاقات مفتوحة وصريحة من جميع الأطراف ما يتطلب ذلك قبول مبدأ المساواة في حقوق المواطنة المؤسسية رغم اختلاف المواقع والمناصب.

3- تعتمد استجابة العاملين في الأصل على تفهمهم لرسالة المؤسسة وإحساسهم بملكية المؤسسة وانتمائهم لها وشعورهم بالتقدير الشخصي والمهني.

4- يسعى العاملون إلى الاستمرار للحصول على حق إتخاذ قراراتهم بأنفسهم ويلفظون بذلك كل أشكال التسلط والتحكم والاستغلال وذلك يوضح أهمية التفويض والمشاركة والتمكن في إدارة المؤسسة المؤسسية. وهنا يجب التنويه عن أهمية وضع نهاية للتفويض المعكوس والذي غالباً ما تفوض فيه المجالس المؤسسية رئيس المؤسسة علي إتخاذ القرارات دون الرجوع إلى هذه المجالس في حين أن المعنى الإداري للتفويض هو عكس ذلك.

5- إن أسلوب الإدارة في حل المشاكل يجب أن يعتمد على خلق المناخ الذي يساعد العاملين على تفهم مشاكلهم ووضع بدائل الحلول والمفاضلة بينها واتخاذ القرار وتنفيذه بالتزام وجدية. وبالطبع ذلك هو أحسن أساليب ضمان جدية تنفيذ القرارات ومتابعتها.

6- إن ملكية المؤسسة المؤسسية تتوزع بالتساوي ولا يحكمها موقع العاملين في السلم الوظيفي أو الهرم الإداري. وبذلك تصبح الديمقراطية احد مواثيق الإطار المؤسسي التي تنمى روح المبادرة والابتكار والمخاطرة، وتدعم روابط الثقة بين العاملين والإدارة المؤسسية وتطور روح العمل الجامعي والتنشيط التعاوني.

الفصل الثالث

أخلاقيات العمل الإداري

المقدمة:

تعد أخلاقيات العمل الإداري الموضوع الأكثر أهمية الـذي تواجهه مؤسسـات المجتمع اليوم. فمع التطور العلمي والتكنولوجي وانتقال المجتمعات إلى عصر المعرفة ازدادت أهميـة الأعمال في المجتمع بشكل كبير وأصبح دورها فـاعلاً عـلى مختلـف المسـتويات وأخـذت الأمـم والشعوب تتبارى بمخترعاتها ومكتشفاتها وهذا الأمر يتطلب وضع فلسفة وآليات عمل للمؤسسات ضمن أطار أخلاقي واجتماعي ينعكس ايجابياً على مختلف فئات المجتمع وأطرافه بحيـث تصبح هذه المؤسسات ممثلة لنسيج اجتماعي رابط لمكونات المجتمع. وفي السـنوات الأخـيرة زاد الاهتمام بـالحقول العلميـة التـي تـرتبط بـالأعمال وعلاقتها بـالمجتمع وتبنيها لمسؤوليات اجتماعية وأخلاقية.

يتعرض عالمنا اليوم للكثير من الهزات والتي بدورها أضعفت العلاقات في ميادين الحياة المختلفة على الرغم من امتلاكنا لكثير من القيم الأخلاقية الاجتماعية فضلاً عما يمر بـه بلـدنا من ظروف أثرت على نظامه الأخلاقي.

وتلقـى أخلاقيـات العمـل اهتمامـاً كبـيراً فنجـد أكـثر الجامعـات العالميـة تـدّرس

مادة في أخلاقيات العمل والإدارة. أما في عالمنا العربي يبدو لنا أن هناك نقصاً كبيراً في هذا الجانب سواء على صعيد الكتب والبحوث أو على صعيد تدريس مساقات ذات علاقة بهذا الموضوع.

ويحتاج العمل الإداري إلى توجيه طاقات الأفراد نحو الأهداف من خلال استخدام الوظائف الإدارية مثل (القيادة، واتخاذ القرار، والتخطيط، والاتصال، والعلاقات الإنسانية، والحوافز) وذلك لضمان نجاح المؤسسة وتحقيق أهدافها في ضوء الإمكانات المتاحة لها. حيث تعد الوظائف الإدارية النشاط الرئيسي للإداريين.

يأخذ الحديث عن أخلاقيات الأعمال مسارات عديدة تتناسب مع ثقافة الشعوب وطبيعة حضاراتها وهويتها السياسية والاقتصادية. فلا يقتصر وجود الأخلاق على مجتمع دون غيره، إلا أنه في ظل تدني معايير الأخلاق المتعارف عليها أصبح البحث عن الأخلاق مطلبًا رئيسيًا للمجتمعات المتقدمة والمتخلفة على حد سواء.

يناقش هذا الجزء دور القيم الأخلاقية في التجارب العالمية في ضوء ظهور مفاهيم الإدارة الرشيدة، والتعرف على التطورات العالمية في مجال أخلاقيات الأعمال في ظل حدوث تغيرات رئيسة تطلبت إعادة النظر في أهميتها، والوقوف على أسباب الاهتمام بها على المستوى العالمي.

ومن ثَمَّ يمكن التعرف على المشكلات والأزمات غير الأخلاقية والتي شهدتها كبريات المؤسسات العالمية وأدت إلى انهيار بعضها مما استدعى إلى إتخاذ إجراءات تطبيقية عبر بروز مفاهيم جديدة عرفت بما يسمى الحوكمة.

ونظرياً لإعادة التفكير في الأسس التي قامت عليها النظرية الاقتصادية الرأسمالية، برز دعاة جدد يبحثون عن أخلاقيات الأعمال جنبًا إلى جنب مع مفاهيم الفائدة المادية والكفاءة، كما أن البحث ما زال جاريًا عن أرضية أخلاقية في الأسواق المالية، ويبدو أن البديل الناجح والأمثل يتمثل في صناعة الخدمات التي بدأت

كبريات المراكز المالية العالمية تبنيها وتوفير البيئة التشريعية والاستثمارية لاستقطابها. ويأتي الاهتمام برصد تلك التجارب والأساليب بهدف الاستفادة منها في واقعنا العملي ولمؤسساتنا الاقتصادية منها:

1- الأخلاق:

تعني كلمة "أخلاقيات" وفق قاموس وبستر "مقاييس التصرف أو السلوك الخلقي"، ويمكن تعريف أخلاقيات العمل في المؤسسة بأنها "اتجاه الإدارة وتصرفاتها تجاه موظفيها وعملائها والمساهمين والمجتمع عامة وقوانين الدولة ذات العلاقة بتنظيم عمل المؤسسات" وينطبق التعريف ذاته على عمل الإدارة.

من حيث اللغة نجد أن كلمة الخُلق تعني السجية والطبع والمروءة، بحيث أن الخُلُق هيئة في النفس راسخة، تصدر عنها الأفعَّال بسهولة من غير حاجة إلى تفكير. والأخلاق تعني الفضيلة أي الصفات المهمة ومنها الصدق والأمانة والعدالة. وفي الاصطلاح تشير كلمة الخُلق إلى علم معياري يتناول مجموع القواعد والمبادئ التي يخضع لها الإنسان في تصرفاته، ويحتكم إليها في تقييم سلوكه، وهذه القواعد والمبادئ مستمدة من تصور شامل يرتكز إما على العقل أو على الدين أو على كليهما.

الأخلاق والأخلاقيات وإشكالية المصطلح:

يمكن فك إشكالي المصطلحات، الأخلاق والأخلاقيات فيما يلي:

- الأخلاق شاملة ومشتركة بين جميع الناس، أما الأخلاقيات فهي مختصة بمجتمع معين ولذلك نقول أخلاقيات المهنة.
- الأخلاق يتم تعلمها في مراحل مبكرة من حياة الفرد، أما الأخلاقيات يتم اكتسابها في مراحل متقدمة عند الانضمام إلى مجتمع ما (مجتمع المهندسين، مجتمع الأطباء، مجتمع المعلمين.......).

- الأخلاق يكون مصدرها الدين بشكل رئيسي، أما الأخلاقيات فمصدرها بجانب الدين، القوانين والأنظمة التي تحكم ذلك المجتمع، وهي مجموعة من القيم والأعراف والتقاليد التي يتعارف عليها مجتمع ما حول ما هو خير وحق وعدل في تنظيم أمورهم.

مفهوم أخلاقيات الإدارة:

هي نظام مكون من مجموعة من القواعد والأسس والقيم المستمدة من الدين والبيئة الاجتماعية والتي تكون مطلوبة في سلوك العاملين في العمل الإداري، وتتعلق بالتمييز بين ما هو صحيح وما هو خطأ وما هو مرغوب وما هو غير مرغوب، بهدف تحقيق المصلحة العامة. فهي تُمثِّل خطوطاً توجيهية للمديرين في صنع القرار، وإن أهميتها تزداد بالتناسب مع آثار ونتائج القرار، فكلما كان نشاط المدير أكبر تأثيراً في الآخرين، ازدادت أهمية أخلاقيات ذلك المدير.

وتتطلب المعايير القياسية العالية للسلوك الخلقي أن تعامل المؤسسة كل طرف من هذه الأطراف بطريقة عادلة وشريفة والالتزام بأخلاقيات العمل يمكن قياسه بمدى ميل المؤسسة وموظفيها نحو الالتزام بالقوانين والأنظمة المرتبطة بعوامل مثل: سلامة ونوعية المنتجات وإتاحة فرص عادلة للتوظيف والممارسات التسويقية والبيعية المقبولة، وتجنب استخدام المعلومات السرية لتحقيق مكاسب شخصية، والرشوة والمدفوعات غير القانونية من شركات منافسة أو حكومات أجنبية أو أطراف أخرى بهدف الحصول على عقود عمل تجارية أو صناعية القيم والاتجاهات السلوكية والأخلاقية.

لا يكفي توفر الإمكانات المادية والتقنية لإحداث التقدم الاجتماعي والاقتصادي في أي مجتمع، وإنما يعتمد هذا التقدم على مدى توفر الإمكانات البشرية الملتزمة بالأخلاقيات والسلوكيات الوظيفية، ذلك أن جودة السلع والخدمات التي تقدمها

الأجهزة الإدارية والفنية مرهونة بمدى تمسك الموظف أو العامل بهذه الأخلاقيات ولتحقيق ما سبق، يتفاعل الأفراد مع مجموعة من العوامل والمتغيرات في البيئة في تكوين اتجاهاتهم السلوكية والتي يستمدون منها قيمهم وأخلاقياتهم في العمل، فالاتجاه هنا هو سلوك مكتسب وليس فطري بالضرورة، حيث لا يولد الفرد وارثاً اتجاهاً محدداً من أبويه وإنما يكتسب الفرد الاتجاه السلوكي من خلال تفاعله مع مجموعة المتغيرات البيئية التي تلازمه طيلة فترات حياته والتي يكون لها دور كبير في التعبير عن قيمه ومعتقداته وفي البيئة الأسرية تتكون الاتجاهات الأسرية للأفراد، حيث يكون للقيم والأخلاقيات التي يكتسبها الأفراد عن طريق سلطة الوالدين والأخوة الكبار تأثيراً كبيراً في تكوين نوع من السلوك المفروض وليس الطوعي، إن تأثير السلوك الأخلاقي المفروض من سلطة الوالدين يخلق اتجاهاً سلوكياً فردياً تجاه الأسرة ولكن هذا السلوك لا يكون له نفس مستوى التأثير في علاقة الفرد بالبيئة الخارجية التي يكتسب فيها الفرد سلوكه طواعية يتكون السلوك الطوعي للفرد من خلال اتصالاته وعلاقاته مع أبناء فئته العمرية - مثلاً عضويته في جماعة من الطلبة الذين هم أصدقاؤه، جماعات العمل غير الرسمية - حيث يستمد من هذه الجماعات اتجاهات سلوكية ذات قيمة إيجابية أو سلبية بحسب نوع المصالح المشتركة التي تجمع بين أعضاء الفريق الواحد والتي يحددها في الغالب ذلك الشخص الذي يمثل مصالحهم وهو الذي يحدد أهدافهم ويصمم السلوك الأخلاقي أو غير الأخلاقي الذي يعتقد أنه يحقق تلك الأهداف من هنا نجد اختلافاً في القيم والاتجاهات السلوكية بين فرد وأخر بحسب موقعه وسلطته ومستواه في التنظيم وحجم المسؤولية ومع مدى تفاعله (قبوله أو رفضه) لمجموعة من العوامل المؤثرة في بيئته الخارجية مستخدماً نظامه العرفي وهيكل القيم المرجعية التي يستخدمها في التفكير ثم السلوك الأخلاقي أو غير الأخلاقي لتحقيق رغبة أو هدف معين، وفي بيئة العمل في منظمات الأعمال هناك أكثر من نمط من أنماط السلوك والمعتقدات الأخلاقية لدى الأفراد والجماعات حيث أن الجانب السلوكي في نظام المعتقدات

الأخلاقية والسلوكية له مظهر خارجي يكون للمعتقدات دور متكامل حيث تنسجم فيها الأخلاق في العمل مع تلك المعتقدات والتي تنعكس مضامينها الأخلاقية أو غير الأخلاقية على نوعية وسلامة المنتج أو الخدمة المقدمة للمجتمع، وهناك نظامان للأخلاقيات السائدة في العمل يشكلان مصدراً رئيسياً لتكوين اتجاهات السلوك للعاملين في المؤسسة.

وأصبحت الأخلاق تشكل جزءًا رئيسيا من صناعة النمو في المؤسسات، عقب ذلك القدر الهائل من التجاوزات واتساع دائرة الجرائم والفساد الإداري خاصة جرائم الاختلاس والرشوة واستغلال النفوذ التي تشهدها المؤسسات على مستوى العالم وحاجة المجتمعات إلى وجود معايير وأخلاقيات عمل أكثر رُقِيًا، وضرورة تحديد علاقاتها بالعاملين والمؤسسات والجمهور، فضلا عن مراجعة المفاهيم الخاصة بأهداف المؤسسات، ويعكس النمو بأهمية الأخلاق تحولاً حاسمًا في الرأي العام بشأن المسؤولية الأخلاقية للمؤسسات.

وقد أدى فهم قيمة الأخلاق للعمل إلى عدة مظاهر من بينها انتشار القواعد ومدونات رسمية للوقوف علي المتطلبات الأخلاقية، وتعيين مسؤولين إداريين يهتمون بمراعاة الجوانب الأخلاقية من أجل تحفيز المديرين والموظفين على التصرف وفقًا لما تقتضيه المعايير الأخلاقية. وعلى الرغم مما تقدم، فإن هناك تباين بين ما يكتب عن الأخلاق وما يجري تطبيقه، حيث غالباً ما يحدث تعارض بين النظرية والتطبيق، ولا ريب أن هناك مدراء أكثر وعيا ويحرصون على مزاولة أنشطتهم وفقًا للمعايير الأخلاقية باعتبار أن ذلك خيار إستراتيجي، بينما يتخذ بعض المديرين القواعد الأخلاقية واللوائح كستار لاتخاذ قراراتهم الانتهازية، وخاصة في المواقف التي لا يستطيع فيها العامة التفرقة بين السلوك الأخلاقي والسلوك الانتهازي.

وينطوي مفهوم "أخلاقيات العمل" على معانٍ متعددة، فليس هناك تعريف محدد ودقيق لأخلاقيات الأعمال بل إن هناك اختلاطا في مفهوم أخلاقيات العمل

وأخلاقيات الإدارة، والسلوك الأخلاقي، فقد تعني أخلاقيات العمل استخدام الأخلاقيات كإستراتيجية عمل لتحسين سمعة وأداء المؤسسة.

وقد يشار إلى التبعات الأخلاقية لقرارات وسلوكيات العمل، وتأثيرها على رفاهية الناس والبيئة، بحيث تكون مجموعة من المبادئ التي تهيمن على السلوك الإداري وتتعلق بما هو صحيح أو خطأ، كما يمكن أن يشير أيضًا إلى السلوك الأخلاقي للإدارة، وأصحاب العمل، والموظفين في تحقيق أهداف المؤسسة، أو تبني قواعد أخلاق تهدف إلى التأثير في سلوكيات الموظفين. وأخيراً، فإن أخلاقيات العمل قد تعني الالتزام بالقيم الأخلاقية (الأمانة، والاستقامة، والثقة، والصدق) في العمل.

2- أسباب الاهتمام بأخلاقيات العمل:

بدءًا من المقدمة الأساسية التي تقتضي بأن الأخلاقيات تدور حول إتخاذ اختيارات وقرارات صحيحة بما تمثله من خطوط توجيهية للمديرين في صنع القرار، حيث تزداد أهميتها بالتناسب مع آثار ونتائج القرار، فقد حظيت أخلاقيات العمل بالاهتمام على نحو واضح وملفت للنظر وظهرت مصطلحات جديدة مثل قواعد وآداب المهنة وأخلاقيات الوظيفة وأخلاقيات الأعمال، وباتت المؤسسات تتسابق لإصدار مدونات أخلاقية، والسؤال المطروح: لماذا هذا الاهتمام وهذا التطور؟ وللإجابة على ذلك نورد ما يلي:

مفاهيم الكفاءة:

تهدف المؤسسات إلى تحقيق أرباح لأصحاب العمل بصفة أساسية وفقًا لقواعد السوق وبدون غش أو احتيال، ويؤخذ في الاعتبار التركيز على أن كفاءة المؤسسة في الحصول على الفائدة المادية هي الطريقة الفضلى للأداء، فلا غرو أن تعظيم قيمة المساهمين كانت الهدف المشترك في الجانب النظري والعملي منذ العقود الأولي من

القرن الماضي وحتى فترة التسعينيات، بل قيل أن أفضل طريقة لتحقيق ذلك الهدف هو ربط دخل الإداريين بقيم المشاركات والمساهمات.

وهذا النوع من الربط سوف يؤدي إلى تلافي تعارض المصالح بين الإدارة والمساهمين، ومن ثَمَّ يمكن التخلص من المشكلات الأخلاقية التي تنشأ عادة بين المديرين والملاك.

ومن الناحية العملية، بدأ المديرون يركزون جل اهتمامهم على زيادة أسعار أسهم المؤسسة على حساب مؤشرات الأداء الأخرى. وأدى هذا إلى تبرير أي سلوك من سلوكيات المؤسسة الأخرى، بما في ذلك منح رواتب تشجيعية هائلة إلى المسؤولين الإداريين، وتجاهل العاملين، وتخفيض معايير السلامة والصحة، وإهمال العوامل الحيوية التي تحقق المصلحة طويلة الأجل للمؤسسة، وتضمن استمراريتها، مثل التدريب والبحوث العلمية والتطوير. مما أدى إلى ارتكاب تصرفات غير قانونية اعتماداً على معرفة معلومات من داخل المؤسسة. وبدلاً من حل المشكلة الأخلاقية، أدت الحوافز المالية الكبيرة الممنوحة للمسؤولين الإداريين إلى خلق مشكلات أكثر خطورة وتكلفة وشاركت في انهيار المؤسسات الكبرى.

تعقد وتداخل المصالح:

وبالأخذ في الاعتبار أن نتائج قرارات وأنشطة المؤسسة لا تقتصر على المساهمين فحسب بل تؤثر على العاملين والجمهور، فحينما يقوم المديرون بتعيين العاملين، فإنهم بذلك يوقعون عقدًا ضمنيًا بتوفير عاملين مقابل أجر عادل لأداء مهام محددة عادلة في بيئة عمل آمنة وصحية. ونظراً لأهمية الجهد والتعاون الذي يبذله العاملون في نجاح المؤسسة، فإن إستراتيجية العمل الصحيحة تقتضي أن يهتم المديرون بمصالح العاملين كما لو كانوا يهتمون بمصالح المساهمين مما يخلق مصلحة واضحة للعاملين في نجاح المؤسسة ويزيد ثقتهم في الإدارة فيجب أن يكون المديرون مسؤولين عن المساهمين والعاملين على حد سواء.

واستنادا إلى مؤسسة "تسخير الأعمال التجارية لصالح المسؤولية الاجتماعية"، وهي مؤسسة أعمال تجارية تتخذ من الولايات المتحدة مقرا لها وتعمل من أجل النهوض بالقيم الاجتماعية، تبين الدراسات أن المؤسسات التي يوجد فيها توازن بين الإدارة، والعاملين والجمهور - حققت معدلات نمو ومعدلات أداء العمالة تفوق المؤسسات الأخرى بنسبة أربعة أضعاف وثمانية أضعاف على التوالي.

إرساء مبادئ الإدارة السليمة (الحوكمة):

لمعالجة المشكلات والأزمات التي أدت إلى انهيار عدد من المؤسسات لأسباب عدم التزام المسؤولين فيها بأخلاقيات العمل، فقد نتجت مجموعة من الأسس والممارسات التي تطبق بصفة خاصة على المؤسسات المملوكة لقاعدة عريضة من المستثمرين (المؤسسات المساهمة) وتتضمن الحقوق والواجبات لكافة المتعاملين مع المؤسسة مثل مجلس الإدارة والمساهمين، الدائنين، البنوك والموردين، والمجتمع، وتظهر من خلال النظم واللوائح المطبقة بالمؤسسة والتي تحكم إتخاذ أي قرار قد يؤثر على مصلحة المؤسسة بها وهو ما عرف بمصطلح الإدارة الرشيدة الحكيمة، حيث توفر (الحوكمة) الإطار التنظيمي الذي يُمكن المؤسسة من تحقيق أهدافها، وتحديد القواعد المتعلقة بكيفية إتخاذ القرارات والشفافية والإفصاح عن تلك القرارات، وتحديد السلطة والمسؤولية للمديرين والعاملين بالمؤسسة، وحجم ونوعية المعلومات التي يتم الإفصاح عنها للمستثمرين الأمر الذي يصب في صالح حماية حقوق صغار المساهمين.

فخضوع المؤسسة للمساءلة والمحاسبية وتحملها المسؤولية إزاء أصحاب المصلحة أمام الآخرين فيها تضمنها مجموعة من الواجبات - المنصوص عليها بدرجة أو بأخرى في العديد من البلدان المتطورة - التي يتعين على أعضاء مجلس الإدارة أن يتقيدوا بها عند إتخاذ القرارات. وتُعرف هذه الواجبات أو المهمات بالواجبات

بالأمانة، وتشمل واجب توخي الحذر، والولاء للمؤسسة، والتحلّي بالنزاهة والشفافية، والعمل بنية حسنة، ويمكن أن تؤدي مخالفة إحدى هذه الواجبات إلى تحميل أعضاء مجلس الإدارة المسؤولية إزاء مراقبي تطبيق القوانين التنظيمية.

الاهتمام بالتعليم والتدريب:

إن التطور الأوسع في مجال أخلاقيات الأعمال نجده في مجال التعليم والتدريب، ففي الدول الصناعية أخذت هذه المادة تدرس وتصدر فيها الكتب المتخصصة والمنهجية على نطاق واسع، ويوجد في الولايات المتحدة الأمريكية حاليا أكثر من 500 مقرر تدريسي من مقررات أخلاقيات الأعمال تدرس في الجامعات بدوام كامل، 90% منها تقدم نوعا من التدريب في هذا المجال وحتى عام 1993 كان هناك ما لا يقل عن 16 مركزا بحثيا لأخلاقيات العمل.

الالتزام بروح القانون وأهمية البعد الاجتماعي:

تؤدي الرؤية الضيقة لأخلاقيات العمل - التي تقصر دور مشروعات العمل على مجرد تحقيق الأرباح ضمن إطار قواعد السوق - إلى تجاهل ممارسات العمل الضارة، بسبب الالتزام الحرفي بنصوص القانون وتجاهل روح القانون. ومن أمثلة ذلك الفشل في معالجة الأمور الخارجية السلبية التي تعرفها المؤسسة وتكون غير معروفة لدى صانعي السياسات والجهات الرقابية، أو تكون معروفة لديهم، ولكن مراقبة ومتابعة تلك الممارسات يكون أمرًا باهظ التكلفة.

تحسين نوعية الحياة (الجودة):

من الأمور الواضحة التي تحظى بأهمية كبرى ولكن قد تم إغفالها حتى من أولئك الذين يتبنون الرؤية الشاملة لأخلاقيات العمل، إنما تتعلق بما يجب ومالا يجب أن تنتجه المؤسسات. ففي المجتمعات التي تشجع المشروعات الحرة، يسود اتجاه عام بأن المؤسسات لها الحق في إنتاج ما تراه مربحًا لها، شريطة إلا تكون المنتجات

والخدمات التي تنتجها محظورة بموجب القانون. وهكذا تتاح الفرصة للمؤسسات بأن تخلق احتياجاتها وأن تستخدم الأساليب الدعائية والأساليب التسويقية والترويجية الأخرى ذات الصلة في إقناع المستهلكين بشراء منتجاتها وخدماتها. ولا يوجد شيء خاطئ في إيجاد الاحتياجات الحقيقية التي تسهم في تحقيق الراحة والرفاهية في الحياة. وعلى الرغم من ذلك، تقوم المؤسسات في كثير من الحالات بإيجاد احتياجات ورغبات عالية التكلفة وغير مفيدة لا لشيء سوى لتحقيق الأرباح.

وقد ترى الإدارة أن ذلك العمل "جيد"، ولكنه في الحقيقة عمل لا فائدة منه ويؤدي إلى تبعات غير مرغوبة اجتماعيًا. وهذا هو المصدر الرئيسي للاستهلاك الزائد والعامل الأساسي الذي يدفع الناس إلى إجهاد أنفسهم بالعمل والإفراط في الاستهلاك.

إن العملية الخادعة المتمثلة في إيجاد احتياجات ورغبات لا فائدة منها لا تؤدي فحسب إلى تشتيت انتباه الناس عن الاهتمام بالأمور الأكثر أهمية في الحياة التي تثمر في النهاية عن تحقيق السعادة والرضا بصفة مستمرة، بل تؤدي إلى النضوب المبكر للموارد غير المتجددة وتدهور البيئة. والرؤية الشاملة لأخلاقيات العمل على خلاف الرؤية العقلية التقليدية تنجح في إقناع المؤسسات على إنتاج خدمات مربحة لأنها تفي بالاحتياجات الحقيقية للناس فضلاً عن إقناعهم بتركيز نشاطهم الإبداعي على تطوير المنتجات التي تساعد على تحسين جودة الحياة بطريقة واضحة والتخلي عن استهلاك المنتجات التي يمكن الاستغناء عنها. وعدم تحويل الإنسان الفرد إلى أداة استهلاكية بحيث تكون وظيفته في الحياة الاستهلاك بلا حدود .

ولقد قيل الكثير عن أن أخلاقيات العمل لا تتوقف عند حد السعي وراء الفائدة المادية وفقًا للقوانين واللوائح المطبقة في المجتمع وبدون خداع أو احتيال، حسبما يعتقد الرأي العقلي التقليدي. وقد تعرض ذلك الرأي إلى هجوم عنيف من قبل المجموعات ذات المصلحة على مدار العقدين الأخيرين بمن فيهم المستهلكون

والمدافعون عن حقوق الإنسان والبيئة، الذين يطالبون المؤسسات بتطبيق معايير عمل مرتفعة وتولي مسئوليات اجتماعية أكبر.

العولمة وأخلاقيات العمل:

ترتب على المتغيرات الحديثة ظاهرة متميزة تُمثِّل اختلافاً نوعياً في شكل وأسلوب التنظيم الإنساني المعاصر، تلك هي ظاهرة "العولمة"، وما يحلو للبعض تسميتها "الكونية"

ويمكن تعريف العولمة بإيجاز على "أنها التواصل والتفاعل في الأنشطة الإنسانية الذي يتعدى الحدود التقليدية بين الدول والأقطار لاغياً بذلك حدود المكان وقيود الحركة والاتصال بما يحقق أيضًا التخفف من قيود الوقت والزمان".

ومن ثَمَّ فإن العولمة تتيح الفرص للانتشار واستخدام طاقات تتجاوز الحيز المحلي لأي مؤسسة تتعامل في مجالات الإنتاج والخدمات في العصر الحالي، وتحقق الوصول إلى مساحات وشرائح في الأسواق العالمية ومصادر للموارد على اختلاف أشكالها في مختلف أجزاء العالم كان الوصول إليها من قبل أقرب إلى المستحيل منه إلى الممكن.

والمحصلة الرئيسية لظاهرة العولمة- المستندة إلى كل التقنيات والمتغيرات المتصلة- أن مفاهيم ونظم وأساليب التعامل في مختلف مجالات الحياة التي سادت العصر السابق لها لم تعد تتناسب مع معطيات العصر الجديد، بل وأصبحت عائقاً رئيسياً يحول دون الاستفادة من الفرص التي تتيحها العولمة والتقنيات المساندة لها، الأمر الذي يوجب البحث في ابتكار وتنمية منظومات جديدة من المفاهيم والنظم والآليات المتوافقة مع متطلبات العولمة.

من جانب آخر يسود العالم الآن اهتمام غير مسبوق بنتائج البحث العلمي والتطوير التقني وما نشأ عنهما من تراكم معرفي يمثل رصيداً متجدداً من المعلومات

وتحليلاتها والاستدلالات الناتجة عنها تمس كل قطاعات الحياة وتؤثر على مسيرة وتوجهات النشاط الإنساني في جميع الاتجاهات، الأمر الذي دعا الكثيرين من العلماء والمفكرين لإطلاق اسم عصر المعرفة على المرحلة التاريخية التي نعيشها الآن.

بات من الصعب إخفاء الانتهاكات والممارسات غير الأخلاقية. ومع حلول عصر البريد الإلكتروني والإنترنت، أصبحت المخالفات الأخرى التي ترتكبها المؤسسات، مثل اللجوء إلى استغلال الأطفال في العمل وظروف العمل الاستغلالية، أكثر شيوعا، مع ما يرافق ذلك كثيرا من الآثار السلبية في قطاع الأعمال التجارية. وتوجه العديد من المؤسسات غير الحكومية اتهاما مؤداه أن مصادقة المؤسسات عالميا على مدونات السلوك الطوعية لا تعدو كونها مناورة علاقات عامة لمساعدتها على تجنب القواعد الملزمة والمعايير الدولية النافذة لسلوك قطاع الأعمال التجارية.

وتعد العولمة سببًا آخر من أسباب الاهتمام بالأخلاقيات حيث برزت مدونات ومنظمات غير حكومية عبر شبكة الإنترنت تعكف على رصد المخالفات التي ترتكبها المؤسسات. كما أن العولمة قد أوضحت مشكلة اختلاف الثقافات بين مديري الأعمال في ظل انفتاح الأسواق وتغلغل بعض المؤسسات في أسواق مختلفة حول العالم.

دور ونطاق أخلاقيات العمل:

على الرغم من ذلك فمازال التطور محدودا في مجال تطبيق أخلاقيات الأعمال في المؤسسات، مع ما تمثله هذه التطبيقات من مواقف أخلاقية تعزز الثقة من جهة وما ينجم عن التصرفات غير الأخلاقية من نتائج سلبية ومكلفة في تدهور سمعة المؤسسات بسبب الدعاوى القضائية والغرامات المالية من جهة ثانية فإذا كان الهدف من تطبيق الأخلاقيات هو إعلام المديرين وأصحاب المصالح الآخرين بما هو مسموح به ومستقيم من الناحية الأخلاقية بهدف التحقق بصفة خاصة من أن العمليات والإجراءات المستخدمة في الوصول إلى قرارات العمل وتنفيذها بطريقة

صحيحة وموافقة للجوانب الأخلاقية. وتضم الأخلاقيات مفاهيم متعددة لأداء المهام، بما في ذلك المهام المنفصلة عن نتائجها. وعلى الرغم من ذلك، فمن غير الممكن أو المرغوب فيه أن يتم فصل المهام عن نتائجها في العمل. وفي الحقيقة، تتمثل مهمة الأخلاقيات في تحقيق التوازن بين المهام والنتائج، من أجل تطبيق الأخلاقيات والعمل في المؤسسة بشكل صحيح. ومن ثَمَّ، تعد الأخلاقيات المرتبطة بالنتائج والأخلاق المرتبطة بالمهام على قدر كبير من الأهمية بالنسبة للعمل.

يمكن توظيف الأخلاقيات بشكل سليم في العمل، بحيث أن تطبق المؤسسة من بين العديد من الأمور إجراء شفافًا وديمقراطيًا لصنع القرارات. ولا يكفي أن تكون القرارات الصادرة صحيحة فحسب، بل يجب أن تكون الطريقة المستخدمة في التوصل إلى هذه القرارات صحيحة أيضًا، والأكثر من ذلك، يجب رؤية هذه القرارات والحكم عليها بأنها صحيحة. وأولئك الذين يتأثرون بشكل مباشر وكبير بقرارات المؤسسة لهم حق أخلاقي وأدبي، وهو التعرف على سبب إتخاذ هذه القرارات ومن هم متخذو هذه القرارات، كما يجب أن يتم مشاركتهم أو استشارتهم في الأمور التي تؤثر على رفاهتهم. وحتى الآن، فإن هذا الإجراء لا يزال يقتصر بشكل كبير على المساهمين فحسب. وعلى الرغم من ذلك، فإننا نرى أن العاملين لهم حق المشاركة في صنع القرارات التي تتعلق بطبيعة عملهم وصحتهم وسلامتهم. وليس هذا الأمر صائبًا من الناحية الأخلاقية فحسب، بل إن له فائدة في العمل. حيث يصبح العاملون أكثر رغبة واستعدادًا في بذل الجهد والعمل بشكل أكبر في الظروف التي يشاركون فيها في عملية صنع القرار. إلى أنهم سوف يشعرون بالسعادة والتقدير بسبب استشارتهم ومنحهم السيطرة والتحكم في عملهم، فسوف تزداد قدراتهم الإنتاجية بشكل ملحوظ. وسوف يساعد ذلك على تقليل المشكلة الأخلاقية التي تتمثل في بذل جهد أقل من الجهد المتفق عليه أو إنجاز الحد الأدنى من العمل.

ومن المتطلبات الأخرى الهامة في تطبيق الأخلاقيات وتنفيذ العمل بطريقة صحيحة، هو ضرورة أن تكون المعلومات التي تستند إليها القرارات موثوق منها

ودقيقة قدر الإمكان. وفي العمل، يوجد قدر كبير من المعلومات غير المتماثلة بين المديرين والموظفين، والمشترين والبائعين، وحتى بين المديرين والمساهمين. وتظهر المعلومات غير المتماثلة حينما يتوفر لدى المديرين معلومات عن مدى جودة المنتجات أكثر من المعلومات المتوفرة لدى المشترين، أو حينما يكون العاملون على معرفة أكبر بقدراتهم الإنتاجية على خلاف المديرين، أو حينما يتوفر لدى المديرين معلومات عن الوضع المالي للشركة والوضع المستقبلي لها أكثر من المساهمين. وتؤدي هذه المعلومات غير المتماثلة إلى خلق مشكلات أخلاقية خطيرة، وتحول دون صياغة واتخاذ قرارات عمل صحيحة.

ويمكن تشجيع الأفراد على تحري الصدق والأمانة عبر تقديم حوافز مالية ومتابعة الأداء عند نقل المعلومات الصحيحة التي تساعد صانعي القرار على إتخاذ القرارات الصحية، وهو بلا شك أمر أخلاقي مرغوب فيه.

وبناءً على هيكل السوق وظروف البيئة التي تحيط بالمؤسسة وتؤثر في أدائها، فإن إدراج الاعتبارات الاجتماعية والأخلاقية ضمن حسابات العمل قد يؤدي إما إلى تحقيق أداء جيد على مستوى العمل أو زيادة التكاليف وانخفاض الحصيلة المالية المرضية. وإذا تجاوزت عوائد الاعتبارات الأخلاقية للتكاليف الخاصة بها، فلن يكون هناك تعارض بين العمل الجيد والنتائج الأخلاقية الجيدة.

وفي ظل الظروف التنافسية، قد تضطر المؤسسة التي تواجه تضاربًا بين الأرباح والأخلاقيات أن تتخذ قرارات قاسية وغير مؤكدة، وذلك حسب الظروف التي تمر بها المؤسسة ورد الفعل المحتمل من منافسيها. وإذا تعرضت المؤسسة للخسارة بسبب إدراج الأخلاقيات ضمن نظامها الحسابي وكانت لا تزال قادرة على تحقيق نسبة مرضية من الأرباح دون تحقيق أقصى أرباح ممكنة، فقد تشعر المؤسسة بالرضا إزاء إتخاذ القرار الصحيح. وعلى النقيض، قد ترى المؤسسة أن السلوك الأخلاقي يكلفها كثيرًا على الأجل القصير ولكن الأداء يمكن أن يتحسن على الأجل البعيد.

وإن صح ذلك، فقد تدعو المؤسسة منافسيها إلى انتهاج نفس السلوك الأخلاقي. وفي هذه الحالة، تؤدي العملية التنافسية إلى تشجيع أو تحفيز تبني السلوك الأخلاقي.

وقد تم اقتراح مجموعة من الحلول لعلاج مشكلة التضارب بين نتائج العمل المرضية وبين الجوانب الأخلاقية، والذي يتمثل في أن تمضي المؤسسة في طريقها وتلتزم بالسلوك الأخلاقي، ولكي تتمكن من الاستمرارية، فعليها بذل جهد اكبر للتوصل إلى طرق ووسائل مبتكرة تساعدها على مزاولة نشاطها بفعَّالية بدون التخلي عن التزاماتها الأخلاقية.

التعارض بين الأخلاقيات والأداء:

تشير "أخلاقيات العمل" إلى أن الأخلاق أمر هام ونافع للعمل في الأجل البعيد على أقل تقدير إن لم تكن هامة ونافعة على الأجل القريب. وغالبًا ما يُقال إن الأخلاقيات هي العنصر الأساسي الذي يتوقف عليه نجاح وتطور المؤسسات على الأجل البعيد.

وسوف يفقد العمل فعَّاليته بدون وجود درجة من الثقة والأمانة والصدق. كما سوف تتزايد تكاليف المعاملات لاسيما التكاليف القانونية. وبصفة خاصة، تلعب الثقة دوراً هامًا وحيويًا في العمل. فنظرًا لعدم إمكانية النص على جميع المواقف والأمور المستجدة أثناء تنفيذ العقود، يبرز دور الثقة على اعتبار أنها عنصر هام في علاقات العمل الفعَّالة والممارسات السليمة للمؤسسة. وبالفعل، هناك آراء قوية تقول بأن الضعف النسبي للثقة خارج محيط الأسرة في بعض البلدان وخاصة البلدان النامية، إنما يفسر انتشار المؤسسات العائلية وندرة المؤسسات الكبرى.

ويُقال أن الأمانة هامة في العمل. ومن هنا تأتي المقولة العامة "الأمانة هي أفضل سياسة". ولكن الأمانة أمر ليس بيسير في العمل. فدائمًا ما يوجد نوع من التعارض بين الأمانة وبين المصلحة الشخصية. ومن وجهة نظر المؤيدين لمذهب

المنفعة، لا يوجـد شيء خـاطئ في اسـتخدام الأمانـة كسياسـة أو وسـيلة لحفظ الـذات، أو في كسب المال شريطة إلا يُلحق ذلك ضررًا بالآخرين.

وعلى الرغم من ذلك، فإن رجال الأعمال الذين لا يؤمنون بالسلوك الأخلاقي ويتظاهرون فقط بأنهم أمناء أو صادقون، إنما يتحملون خطورة وضع وأصحاب المصالح الآخرين موضع السخرية. ومن ثَمَّ، فإن استخدام الأمانة كسياسة وعدم استخدامها كفضيلة، مـن الممكن أن يحقق نتائج عكسية. وعلى الرغم من أن كثيراً من رجال الأعمال يفعلون الشيء الصحيح لأنه الشيء الذي ينبغي فعله، أو لارتباط سمعتهم بالأمانة بصرف النظر عن النتائج، فإن آخرين لا يمكنهم المجازفة بخسارة سمعتهم وتكبد خسـائر ماليـة بسـبب أنهـم غـير أمناء. ولا تـتمكن المؤسسات التي تدير أعمالها بطريقة غير أخلاقية من الاستمرار، بـل إنهـم يتعرضون لمخـاطر خسارة سمعتهم وخسارة نشاطهم أيضًا.

ويمكن أن يطبق الشخص الأخلاقيات في العمل بطريقة غير مباشرة، مـن خـلال تحسـين الظروف المعيشية للأفراد عـن طريق توظيـف الأفراد العـاديين مـن أجل الشـعور بالراحـة والطمأنينة في الحياة. وحينما يمكن المشاركة في تحقيق الأمن والرخاء الاقتصادي للأفراد، يمكن حينئذٍ أن ينجح النشاط التجاري في تقليل السلوكيات غير الأخلاقية.

والعلاقة بين الأخلاقيات والعمل علاقة وثيقة ومتغيرة. كما لا يمكن فصل أي مـنهما عـن الآخر. ففي بعض الأحيان، يدعم كل منهما الآخر، وقد يتعارضان. وحينما يتعارضان، يسـببان مشـكلات مجتمعيـة، إن لم يكـن للعمـل ذاتـه. وربمـا نجـد أن أفضـل طريقـة لتسـوية ذلـك التضارب بينهما إنما يكون من خلال العمـل الجماعـي الـذي يعتمـد عـلى الحـوافز التـي يـتم منحها للمؤسسات والأفراد والجزاءات التي يـتم فرضـها عليهـم لـكي تـدفعهم إلى التـصرف بطريقة أخلاقية. ولا يمثل ذلك مشكلة كبرى، حيث يسعى معظم رجال الأعمال إلى فعل الشيء الصحيح بسبب المصالح المالية أو لأن ذلك ببساطة هو الشيء الصحيح الذي ينبغي فعله.

معايير أخلاقيات العمل الإداري:

أخلاقيات وظيفية:

يعتبر أداء الواجبات الوظيفية بكل دقة وإخلاص في منهج الإدارة أمانة في عنق الموظف، وعلى جميع المستويات الإدارية من رئاسة مطلقة أو جزئية، أو مسؤولية مطلقة أو محدودة، إلى العمل البسيط يكون في نطاق مسؤولية الموظف، وفي مجالات الأمانة والإخلاص عند الموظف المسؤول، فأنها تتركز على المعاملات في المؤسسة مثل:

- إسناد الوظائف العامة إلى الأكفاء.
- الموضوعية في القرار.
- حفظ المال العام.
- حفظ الحواس والجوارح.
- حفظ الودائع.
- حفظ أسرار المجالس والاجتماعات إلا ما يضر الصالح العام في المؤسسة.

أخلاقيات سلوكية:

إن الأخلاق وحسن السيرة والسلوك من أهم الأمور التي أكدت عليها النظم الخدمية والمؤسسات، يشترط فيمن يعين في إحدى الوظائف أن يكون حسن السيرة والأخلاق وأن يكون صالحا من الناحية الأخلاقية أو الأدبية للقيام بأعبائها وممارسة سلطاتها، فالأخلاق الحميدة وحسن السمعة شرط ضروري وهام لسلامة ممارسة السلطة العامة وتحقيق الصالح العام.

أسرار العمل:

عـدم إفشـاء الإسرار الوظيفيـة ومـا تتضـمنها مـن معلومـات وبيانـات ووثـائق،

أتيحت للموظف بحكم منصبه ووظيفته الاطلاع عليها، والتي ليس بمقدوره الاطلاع عليها لولا مركزه الوظيفي الذي يشغله، وضرورة المحافظة على سرية العمل لا تقتصر فقط أثناء تأدية الخدمة، بل تتعداها إلى ما بعد تركه العمل.

الرشوة :

تعتبر الرشوة أم الفساد الإداري ومن أعظم الجرائم المتفشية في العالم وبخاصة في مجتمعات العالم الثالث، وتزداد خطورتها كلما احتل المرتشي منصبا قيادياً كبيراً، لأنه بفساده يفسد من تحته من المرءوسين ومن يليهم أيضًا، والرشوة من أخطر الجرائم وأسوأ الانحرافات الإدارية التي يجب محاربتها بكل قوة والقضاء عليها وذلك لما يترتب من أضرار وأخطار تهدد المجتمعات، وعن طريقها تفسد ذمم الناس وضمائرهم، ويضيع الحق وينتشر الظلم والفساد، وتسود روح الإتكالية والنفعية على روح الواجب.

المحسوبية:

من الأسباب التي تؤدي إلى انخفاض مستوى الكفاءة في الإدارة الحكومية هو أن كثيرا من القرارات الإدارية، تقوم على الواسطات، والتي تعتبر بمثابة اعتداء وهضم لحقوق الآخرين، فالواسطة تخل بمبدأ تكافؤ الفرص والمساواة بين المواطنين في الحصول على الخدمات الحكومية، فهي تعد بحق انحرافاً في السلطة تجب المساءلة والعقاب.

مصادر الأخلاقيات في الإدارة:

هناك أربعة مصادر للأخلاقيات وهي:

المصدر الديني:

جميع الشرائع السماوية ذكرت الأخلاق، ودعت إلى ضرورة التمسك بها، ولهذا السبب تعد تلك الشرائع مصدراً لأصول الأخلاق.

البيئة الاجتماعية:

هي عبارة عن ما يمتلكه المجتمع من قيم دينية واجتماعية، والتي تنعكس في سلوك أفراده. ولابد من إبراز أهمية البيئة الاجتماعية ودورها في تشكيل التصرفات والممارسات الإدارية. ومن مصادر البيئة الاجتماعية المؤثرة على أخلاقيات الإدارة؛ الأسرة، الثقافة الاجتماعية، مؤسسات التعليم، الجماعات المرجعية. ومن الواجب إدراك أن المجتمعات تتباين في ثقافاتها وأولوياتها. والدور الرئيس لمؤسسات التعليم هو الرفع من مستويات السلوك المرغوب والحد من السلوك غير المرغوب. والجماعات المرجعية يختلف تأثيرها باختلاف نوعها ومنها الجماعة السياسية والدينية والأدبية والقبلية.

التشريعات القانونية:

يقصد بها دستور الدولة وجميع القوانين المنبثقة عنه كنظام الخدمة المدنية والتي تضبط أخلاقيات العمل الإداري سواء الحكومي أو الخاص. مثال ذلك الانتظام بالدوام.

المدونة الأخلاقية:

عبارة عن لائحة داخلية، ووثيقة تصدرها المؤسسة، تتضمن مجموعة من القيم والمبادئ ذات العلاقة، وتوضح ما هو مرغوب فيه من ممارسات، وما هو غير مرغوب فيه. كما تتضمن مجموعة قواعد أخلاقية تساعد على التعامل مع المشكلات الأخلاقية التي تواجهها مراراً.

بنود اللائحة:

- الالتزام بالسلوك الذي يعكس روح الثقة واليقين النابعين من الإيمان والتحلي بالصبر والرحمة والرفق والحلم والعفو.

- التحلي بالصفات الخلقية الحميدة كالصدق والترفع عن الجدال وتقبل النقد والاعتراف بالخطأ والالتزام بآداب الحوار.

- الالتزام بمكارم الأخلاق ومن أهمها الأمانة والمثابرة والاستقامة والحزم واحترام العهود والوفاء بها والعدل والاتفاق والقدوة الحسنة.

أخلاقيات الإدارة وإدارة الذات.

بقدر ما تكون الذات متشبعة بالأخلاق يكون العمل نافعاً، وبقدر شفافية الذات في التعامل يجيء العمل صادقاً، وبقدر الحضور المبدع للذات تكون الصنعة بديعة والعمل متقناً، فجودة العمل من العامل، وإبداع الصنعة من الصانع. فإدارة الذات هي الامتحان الأصعب، لأن النجاح في إدارة الذات هي كلمة السر ومفتاح النجاح لأي إدارة. فالسيطرة على النفس وإدارتها والتحكم فيها وفقاً لفكر متعقل، يجعل من الإنسان شخصية قيادية قوية مؤهلة لإدارة الذات وغيرها.

والشخصية القوية ليست بالعضلات والقدرة الجسمية، وليست بالعبقرية العقلية وحدها، وليست بكم المعلومات المتاحة بل بالفهم المتوازن الذي يقود لإدارة ناجحة. فهي التوازن بين العقل والنفس، وبين العقل والعاطفة. وهي إعطاء الأشياء حقها وقيمها وبما يتناسب مع الزمان أو المكان أو المعطيات. وهي الإدارة السليمة للمعطيات، وإدارة الذات الناجحة لا تتم من غير شخصية متعقلة ومتوازنة وقابلة للتعلم المستمر، وهي التي تتخذ الأوامر المدروسة من غير تردد. فالذات القادرة على السيطرة على شجون النفس وخلجاتها ولجم سطوة رغباتها وأشواقها، قادرة بلا شك على أي قيادة أخرى تناط بها.

هناك مجموعة من المعايير الأخلاقية التي تقوم عليها صلات الفرد بالآخرين وتحدد علاقته السوية معهم، فالفرد لا يستطيع إلا أن يلتزم بالمعايير الأخلاقية للجماعة وإلا تعرض لنوع من العقاب، الأفراد في الغالب يتصرفون بالأسلوب الذي يرون أنه يتفق مع القيم المرجعية للجماعة التي ينتمون إليها، خاصة إذا ما توقعوا أن هذا التصرف أو السلوك سوف يؤدي إلى كسب رضا الجماعة والمحافظة على تماسكها أما الأسباب الرئيسية التي تدفع الفرد العامل إلى الانضمام للجماعة فمن أهمها شعور ذلك الفرد بأن القوانين الحكومية واللوائح المؤسسة لعمل المؤسسة لا توفر له الحماية الكافية لحقوقه منها:

التعاليم الدينية:

يمثل الدين أحد المصادر الهامة التي يستمد منها العامل القيم، بل هو المصدر الرئيسي لقيم كثيرة، ومن الأمثلة على القيم التي تتصل بالعمل والأخلاق في الدين الإسلامي الإدارة والنية والمسؤولية والجزاء والجهد، وهذه الأسس هي ذاتها التي يقوم عليها النظام الأخلاقي المعاصر، والباحث عن الجانب الأخلاقي في الأديان السماوية يجد فيه ناحيتين بارزتين:

الناحية النظرية:

تشكل الأسس والقواعد النظرية في الفلسفة الأخلاقية مثل البحث عن الطبيعة الإنسانية والمسؤولية الخلقية وعناصرها وقواعد السلوك الإنساني.

التطبيق العملي:

تفعيل القواعد السلوكية ومجموعة الفضائل التي يكون المجتمع بها فاضلاً.

ويعُد الإيمان أساساً مهماً من أسس الأخلاق، وهناك ارتباطاً وثيقاً بين الإيمان والسلوك الأخلاقي للعاملين، وبالنسبة للأساس العلمي للأخلاقيات فقد حُدد

للإنسان إطاراً أخلاقياً على أساس تصوره للكون والحقائق الموجودة فيه، وتربية عقلية أهدافها من قيم العلم والمعرفة والحق كما تهدف إلى توجيه طاقات الإنسان إلى البحث العلمي والسعي وراء الحقيقة.

الإلزام:

الواجب والخير وغيرهما من المعاني النبيلة يقومان على فكرة القيمة المستمدة من مثل أعلى، ويأتي الإلزام معتمداً على مصدرين هما المصدر الفطري والوحي وما يتعلق به من اجتهادات على أن الإلزام المستند إلى الفطرة إنما هو إلزام اختياري غير قهري ولذا فإن الإسلام يقف لعدوين متربصين للأخلاق وهما: اتباع الهوى دون تفكير، والانقياد والتقليد الأعمى.

المسؤولية:

يفترض الإلزام مسؤولية يعقبها جزاء، وتحمل الشخص التزاماته وقراراته من الناحية الإيجابية والسلبية أمام الله وأمام ضميره وأمام المجتمع، وطبقاً للإسلام فإن المسؤولية تقوم على الحرية في الأداء وتسقط عن صاحب الإرادة المسلوبة والذي لا يملك حريته، وأن يكون المسؤول كامل الأهلية للتصرف لأن المسؤولية تقوم على مبدأ الالتزام الشخصي.

الجزاء:

العنصر الثالث من أركان الفعل الخُلقي، والجزاء ثلاثة أنواع وهي:

1- الجزاء الأخلاقي:

يكون ثواباً أو عقاباً، ويتمثل الجزاء الثوابي لممارسة القواعد الخلقية في الرضا عن الذات الذي يزيد الفكر نفاذاً وتزيد مهارات الإنسان اتقاناً، أما ممارسة الرذيلة

فلها جزاؤها الأخلاقي أيضًا ويتمثل في ذلك الشعور الذي يعيد تثبيت القانون المنتهك وهو التوبة والصلاح أي إصلاح ما نقص أو أفسده الإنسان وهذا الإصلاح يقع بأشكال عدة.

إما في عمل ناقص ويجب أن يعاد ويؤدي بطريقة مناسبة عاجلاً أو أجلاً، وإما في خطأ واجب إزالته وهذا يأتي في حق الله ويتطلب ذلك المغفرة من الله أما حق المجتمع فلا يغفر إلا بإبراء الذمة من الذين أسأنا لهم.

2- **الجزاء القانوني:**

يرتبط بارتكاب المحرمات القانونية، وهذا في ذاته مفسدة ومن ثَمَّ يحتل هذا النوع من الجزاء مكانته في دفع المفاسد الخلقية، والقصد منه الردع والإصلاح وإثارة المودة والسلام بين الناس والحفاظ على مقومات الحياة الإنسانية.

3- **الجزاء الإلهي:**

يختلف عن النوعين السابقين فالجزاء الإلهي له طبيعته وامتداداته وقد أورد القران الكريم الجزاء في شكلين هما:

- الأول: العاجل أي في الدنيا وهذا له جانبه المادي والمعنوي.
- الثاني: في الآخرة وهو إما الجنة لمن أطاع أو النار لمن غوى وأتبع هواه.

ومن منطلق هذه الأسس التي تشكل المصدر الأول ويستمد منها العاملون في مختلف المستويات الإدارية في المؤسسات المختلفة سلوكهم الأخلاقي، يتضح أن النشاط الإداري عبارة عن رسالة يقوم بتوصيلها إلى أصحابها بإخلاص وأمانةٍ ويؤديها حق أداء سواء كان مسؤولاً أو موظفاً عادياً أو عاملاً تنفيذياً وهذا هو السلوك الأخلاقي الذي يساعد الفرد على تنفيذ أهداف الإدارة ومتطلباتها في شتى نواحي الحياة وهكذا نجد أن الدين هو المصدر المحكم للأخلاق رغم ما جاءت به المدارس الفلسفية والاجتماعية الغربية.

العدالة الإدارية:

على المدير أن يعامل جميع موظفيه المرؤوسين بحسن نية، وأن يقيم أداءهم على أساس الكفاءة والإنتاجية وبدون تحيز إلى جانب أحدهم لأسباب تتعلق بالقرابة أوالدين أو الجنس أو الاتجاه السياسي لأن التفرقة والتحيز في تقييم أداء الأفراد وطريقة توجيههم ينظر إليها على أنها سلوك لا أخلاقي.

القوانين:

تعتبر القوانين ذات العلاقة من المصادر الرئيسة التي تُوجِّه عمل الإدارة في المؤسسة ومن أهم القوانين التي تشكل مصدراً للسلوك الأخلاقي هي تلك الواردة في مواد دستور الدولة مثل قوانين العمل والعمال ونظم الرقابة والتفتيش الإداري وقوانين التجارة والإنتاج وتنظيم الحقوق.

الاستقامة:

يقصد بها اختيار السلوك الأخلاقي في إتخاذ القرارات وإصدار التعليمات وتوزيع أعباء العمل على الموظفين والتعامل مع العملاء بصدق والاعتراف بالمسؤولية الاجتماعية تجاه البيئة التي تتعامل معها المؤسسة، فالمسؤول مهما كان مركزه وسلطته في المؤسسة يتعامل مع أعضاء التنظيم الإداري وهؤلاء لهم أهداف يتعاونون لتحقيقها، ويتعين على الرؤساء الذي يضعون السياسات ويتخذون قرارات التزام مبدأ الاستقامة في مساعدة أعضاء التنظيم في تحقيق أهدافهم تماماً مثلما يسعون إلى تحقيق رؤية وأهداف المؤسسة.

محاسبة النفس:

يمثل الالتزام الأخلاقي للأفراد شكل من أشكال الرقابة الذاتية يطبقها الفرد على سلوكه الخاص وتزداد محاسبة النفس وضوحاً وتأثيراً عن الشخص السوي،

أما الشخص غير السوي فإنه لا يلتزم كثيراً بالمبادئ والقيم الأخلاقية، وبالتالي فإنه لا يشعر بمحاسبة الذات، أما الشخص السوي فإنه يواجه الصراعات الحادة إذا ما حاول القيام بمجموعة من السلوكيات التي لا تتفق مع المبادئ الأخلاقية.

ويفسر هذا الخرق للقواعد الأخلاقية بأنها شطارة أو رجولة مثل الكذب والسرقة والخيانة والرشوة والخداع والتضليل والدسيسة والاعتداء على حقوق الآخرين... إلخ دون أن يتأثر أو يعاني من ضميره، وإن كان من يتعامل معهم يتأثرون بدرجة كبيرة من هذا السلوك خاصة إذا نجح لبعض الوقت من تحقيق مآربه المادية والسلطوية من خلال هذه الوسائل.

أخلاقيات العمل ضرورة إدارية:

لا يتوقف أمر أخلاقيات العمل عند مؤسسة بعينها، بل يأخذ الأمر بُعداً تربوياً أكبر في الحياة العملية، فنجد أكثر المؤسسات البحثية والعلمية تدرس مادة في أخلاقيات العمل والإدارة، في حين نجد أن أخلاقيات العمل تجد جذورها بالفعل منذ الدراسة الابتدائية وذلك بان ينشأ المتعلم على الغش في الامتحانات أو نقل الواجبات هي عملية لا يصح أن يقوم بها الشخص السوي ويتم التعامل مع هذا الأمر بصرامة، وبذلك يعتاد المتعلم على احترام حقوق الآخرين في أبسط الأشياء مثل الانتظار في الطابور، والالتزام بقواعد المرور، فهذه الأشياء البسيطة تؤخذ بجدية شديدة جداً وبالتالي يترعرع المتعلم وهو يحترم فضيلة الصدق والأمانة وأداء الواجب وهذه هي محاور أخلاقيات العمل.

على الرغم من أن كل شخص ينبغي أن يَتَحلّى بأخلاقيات العمل فإن إدارة المؤسسة لابد أن تضع ضوابط وجزاءات - لوائح داخلية - تجعل الموظفين يلتزمون بأخلاقيات العمل. فقد تجد من الموظفين من هو مؤمنٌ بأخلاقيات العمل ومنهم من لا يكترث بها.

العلاقة بين العاملين:

عندما يكون الصدق والتعاون والاحترام والأمانة هي الأخلاقيات المنتشرة بين العاملين وبعضهم البعض فإن هذا يؤدي إلى تَفجر طاقات العاملين لصالح العمل، بينما عندما تكون ثقافة الخداع والنفاق والإساءة للزملاء هي المسيطرة فإن كل عامل يكون على حذر من زميله ويتعاون معه بقدر ضئيل ويُخفي عنه الكثير من المعلومات وقد يكذب في التقارير التي يكتبها لرئيسه وهكذا.

في الحالة الأولى يمكن تشكيل فرق عمل لحل المشاكل وتطوير العمل، بينما في الحالة الثانية فإن فرق العمل تفشل لعدم وجود روح التعاون والثقة بين العاملين. فتجد أن بيانات العمل دقيقة وصحيحة بينما في الحالة الأولى، تجد كثيراً من البيانات خاطئة والتقارير مُضلِّلة. في الحالة الأولى تجد الخبرة تنتقل من موظف لزميلة ولمرؤوسه وكذلك من جيل لجيل وبالتالي فإن العاملين دائما في حالة نمو وتطور وهو ما ينعكس على المؤسسة. بينما في الحالة الثانية تجد أن كل موظف يُخفي معلوماته عن زميله وتجد الخبرة تَضِيع بانتهاء خدمة موظف ما وعلينا البدء من جديد.

كما تجد أن كل موظف مستعد لتحمل بعض الأعباء الإضافية في الحالة الأولى، بينما في الحالة الثانية تجد أن كل موظف يتجنب تحمل أي مسؤوليات إضافية. كما تُقابل أي مبادرة من أحد العاملين لتطوير العمل بالترِحاب في الحالة الأولى، بينما في الثانية تقابل بالشكوك وبالتساؤل عن الأهداف الخفية لصاحب المبادرة.

وأخيرا يكون العمل هو الشغل الشاغل للعاملين بينما في الحالة الثانية تكون مهارات التغلب على مكائد الزملاء ومهارات إيقاعهم في المشاكل هي الهدف الأسمى لكل عامل.

ومن ثَمَّ فإن إتباع الأخلاق هو أمر يجب أن يحرص عليه كل شخص ولكن

إدارة المؤسسة لن تعتمد على مـدى التـزام العـاملين بأخلاقيـات العمـل بنـاءً علـى قناعـاتهم الشخصية بل هي بحاجة لأن تُلزِمَهم بذلك كجزء من مُتطلبات العمـل. فكـما أوضـحت فإن عدم الالتزام بأخلاقيات العمل يؤثر على أداء المؤسسـة وبالتـالي فلابـد لهـا مـن الحـرص علـى تطبيقها.

لذلك من الضروري تحديد ما هو أخلاقي وما هو غيـر أخلاقـي في عُـرف المؤسسـة لكي يلتزم به الجميع. في غياب ذلك فإن كل موظف يكون له مقاييسه الشخصية والتي تختلـف من شخص لآخر.

كذلك فإنه لا بد من التعامل بحزم مع كل إخلال بهذه الأخلاقيات. لابد أن يتم التعامل مع الكذب في التقارير وفي البيانات وفي التعامل بكل حزم.

لابد أن تُعامل روح العداء والإيذاء بين العاملين بالجزاء الرادع. لا يمكن تـرك كل موظف يتصرف حسب ما اعتاد عليه فلا يمكن تـرك المـوظفين يتبـادلون الألفـاظ البذيئـة أو يَحِيكـون المؤامرات لبعضهم. لا يمكن أن يتم التعامل مع من لا يحتـرم أخلاقيات العمل بتهاون فهذا يجعل الجميع يسلك نفس المسلك.

لا يمكن أن تقبل أن يكون العاملون لهم مصالح متداخلة مع مصالح المؤسسة. لا يمكن أن تقبل أن تكون روح العداء هي المنتشرة بين العاملين.

لا يمكن أن تقبل أن يخدع موظفا عميلا أو موردا أو مُتقدم لوظيفة. لا يمكن أن تقبل إدارة المؤسسة أن يأخذ العاملون هدايا قيِّمة من المـوردين أو العمـلاء. يجـب أن يـتم التعامل مع كل أمر يخص أخلاقيات العمل بكل شدة مهما كانت رتبة الشخص المخالف.

الحِرص على أخلاقيات العمل هو أمرٌ أخلاقـي وديـني وإداري. مـع الأسـف فـإن إهمالنـا لأخلاقيـات العمـل يجعـل العـاملون لا يتعـاونون والمؤسسـات لا تثـق في بعضها والكل يبدأ بسوء الظـن ولا يمكننا الاستفادة مـن خـبرات بعضنا. أخلاقيات

العمل ضرورة للتطور. لابد أن تكون لأخلاقيات العمل أولوية أكبر بين موظفينا ومُديرينا.

أخلاقيات العمل:

لو تتبعنا تطور الفكر الإداري في الوقت الحاضر نلاحظ المرحلة التي تتمثل بعصر المعرفة والمعلوماتية التي فيها احتلت المعلومات والاتصالات وتلم المعلومات والبرمجيات فضاءً واسعاً وتطبيقات مهمة في المؤسسات المعاصرة، نرى أن هذه المرحلة ركزت من جانب آخر على المبادئ والقيم في تطوير أداء الأفراد العاملين إذ أصبح الفرد الآن أفضل مورد من موارد المؤسسة وان نخبة كبيرة من بين هؤلاء الأفراد هم رأس مال فكري (معرفي).

أن هذا العصر الذي يركز على الأهداف والقيم والأخلاقيات والمعرفة أصبح فيه الفرد يبنى من الداخل بناءً روحياً وفكرياً فهو الذي يتمثل بالمعارف والمهارات والقدرات والسلوك في إطار الثقافة المؤسسية الذي فيه أصبح تُوجِّه المؤسسات والمدراء نحو انتقاله جديدة تركز على أخلاقيات العمل من خلال السلوك الفردي والسلوك الخاص بالمؤسسة، لذا يجب عليها مواكبة التغيير الذي يحصل في البيئة الخارجية.

والأخلاقيات في نظر الفكر الإداري هي الأعمال الجيدة، إذ ارتبط هذا المفهوم بالعديد من المواضيع والمهمات المؤسسية كالإدارة والعاملين والعمل والقيادة والمديرين لأنها ترشد وتعزز السلوك الجيد والسلوك غير الجيد ويمكن ملاحظة أن المعضلة الأخلاقية تكمن في أن المدير أو المسؤول في العمل وحتى الفرد العامل يواجهون جميعاً موقفاً أو حالة معينة تتضمن تحديات أخلاقية معيارية أو ما يعتقده هؤلاء الأفراد.

وتعد أخلاقيات العمل اليوم من الأمور المهمة لشغل الوظيفة في المؤسسة إذ

يتم التأكيد عليها من إداراتها لأنها تعد بمثابة الرقابة الذاتية للفرد لأنه يستطيع أن يميز بين الصواب والخطأ في سلوكه أثناء العمل، ولهذا يتم استقطاب الأفراد ذوي الأخلاقيات العالية للعمل في المؤسسة على أساس أن هؤلاء الأفراد هم الذين يجلبون الأخلاقيات لها أو أن المؤسسة تستمد أخلاقياتها من الأفراد العاملين فيها.

لذا يمكن تعريف أخلاقيات العمل في المؤسسة بأنها اتجاه الإدارة وتصرفها تجاه موظفيها والمجتمع عامة وقوانين الدولة ذات العلاقة بتنظيم عمل المؤسسات إذ ينطبق هذا التعريف بذاته على عمل الأفراد.

تُمثِّل أخلاقيات العمل مبادئ مهمة للسلوك المرتبطة بمعايير السلوك الجيد أو الغير جيد أو السلوك الصحيح والسلوك الخطأ في تصرفات الأفراد والجماعة.

ويشير مفهوم أخلاقيات العمل إلى معرفة الخطأ والصواب في موقع العمل ومحاولة عمل ما هو صواب وجيد في المنتجات أو الخدمات التي تقدمها المؤسسات تجاه ذوي العلاقة بالمؤسسة.

المؤسسات تضع معايير إلى جانب المعايير الذاتية للأفراد والجماعات والتي تعمل جميعها كمحددات للسلوك تجاه مسؤوليات وواجبات العمل في المؤسسة.

عليه نلاحظ من خلال هذه النظرة بأنه لا يوجد إطار أخلاقي يحيط بتصرفات الأفراد خاصة في الحالات المعقدة (المعضلات المعقدة)، لكي يتم توضيح ما هو صحيح أو ما هو خطأ.

إن الأخلاقيات في موقع العمل قد تنعكس على أداء وأنشطة المدراء إذ أن هذا المدير سيراعي العديد من المحددات الأخلاقية قبل أن يظهر أي رد فعل. فالتصرفات اللاقانونية واللاخلاقية الإدارية التي تظهر ضمن نطاق أخلاقيات العمل يهتم بما هو صحيح أو ما هو خاطئ في الحالات الاعتيادية فضلا عن ما يواجهه الفرد في عمله اليومي كاستخدام موارد المؤسسة لإغراض شخصية أو الاتفاقيات غير الواضحة.

لذا فان قياس الالتزام بأخلاقيات العمل من خلال مدى ميل المؤسسة وأفرادها العاملين نحو الالتزام بالقوانين والأنظمة المعمول بها مثال ذلك إتاحة فرصة متساوية للعاملين، الالتزام بالقوانين والأنظمة والرشوة وأي مدفوعات أو مقبوضات غير قانونية.

يشير العديد إلى أخلاقيات الإدارة أو أخلاق الإدارة التي تتأثر كثيرا بالقيم والتقاليد الاجتماعية والتشريعات النافذة والعوامل الموقفية، تحدد علاقات المدير بالأفراد العاملين والأفراد الآخرين خارج المؤسسة ذوي المصالح في المجتمع. نلاحظ من خلال تطور الفكر الإداري أن أخلاقيات الإدارة كثيرا ما غيرت من طبيعة العمل الإداري، ففي الماضي كان التركيز على حماية مصالح المالكين والاهتمام بالأرباح في حين أن الاتجاه الحالي يركز على الاهتمام بالمسؤولية الاجتماعية وأخلاقيات الإدارة.

مصادر أخلاقيات العمل بشكل عام هي ثلاث مصادر:

- القوانين والتشريعات التي تتمثل بالمعايير القانونية الموثقة إذ تتحدد سلوكيات الأفراد والمؤسسات والقيم الأخلاقية بتطبيق هذه القوانين والتشريعات.

- العمليات التربوية والاجتماعية والمعتقدات الدينية التي تستند على القيم المتبادلة والمشتركة بين الأفراد.

- الاعتقادات الشخصية للفرد التي من خلالها تتحدد المعايير المرتبطة بسلوك الفرد وحريته في التصرف المناسب وفقا لذلك.

المسؤولية المجتمعية والمسؤولية الأخلاقية:

المسؤولية الاجتماعية: هي ذلك السلوك الأخلاقي الذي يرتبط بقضايا التلوث البيئي، البطالة، التضخم، وزيادة الفقر لدى بعض الأقليات الاجتماعية، تنشأ

المسؤولية الاجتماعية في هذا الجانب من عدم قيام منظمات الأعمال بتنفيذ واجباتها تجاه المجتمع.

كما تُعرف بأنها عبارة عن مجموعة من القرارات والأفعَّال التي تتخذها المؤسسة للوصول إلى تحقيق الأهداف المرغوب فيها والقيم السائدة في المجتمع والتي تُمثِّل في نهاية الأمر جزءاً من المنافع الاقتصادية المباشرة لإدارة المؤسسة والساعية إلى تحقيقها بوصفها جزءا من إستراتيجيتها.

هناك تماثل بين أخلاقيات العمل والمسؤولية الاجتماعية إذ أن حركة المسؤولية الاجتماعية ما هي إلا إحدى جوانب منهج شامل من أخلاقيات العمل، وتتعلق الأخلاقيات بالقيم الداخلية والتي هي جزءاً من البيئة الثقافية للمؤسسة وأيضا بأشكال القرارات المتعلقة بالمسؤولية الاجتماعية وذلك بما يتصل بالبيئة الخارجية. إذ أن المسألة الأخلاقية تؤثر على تصرفات الفرد أو المجموعة أو المؤسسة بشكل (سلبي أو ايجابي) على الآخرين.

وتُعرف أخلاقيات العمل بأنها الإطار الشامل الذي يحكم التصرفات والأفعَّال تجاه شيء ما، وتوضح ما هو مقبول أو صحيح وما هو مرفوض أو خاطئ بشكل نسبي في ضوء المعايير السائدة في المجتمع بحكم العرف والقانون، والذي تلعب فيه الثقافة المؤسسية والقيم وأنظمة المؤسسة وأصحاب المصالح دوراً أساسياً في تحديده.

فالمسؤوليات الأخلاقية تشمل سلوكا متوقعا يتجاوز الالتزامات القانونية والمسؤوليات المتميزة تشمل سلوكيات محددة سابقة للفعل لحماية رفاهية المكونات الرئيسية. فإدراك المسؤوليات الأخلاقية والمتميزة للأعمال ليس لديها التزامات بيئية وقانونية فالأعمال ليست مسؤولة فقط عن مالكيها ولكن عن موظفيها وزبائنها والمجتمع بشكل عام.

ومن ثَمَّ فإن هناك علاقة متداخلة بين المسؤولية الاجتماعية وأخلاقيات العمل إذ أن أولوية الكفاءة في تعظيم موارد المؤسسة المادية، وما شابه ذلك كانت في المرحلة الأولى ولغاية ستينات القرن العشرين في حين نرى أن المرحلة الثانية كان التركيز على المسؤولية الاجتماعية في الأدبيات الإدارية إلى جانب التأكيد على الكفاءة خلال سنوات السبعينات ومن ثَمَّ الانتقال أو التحرك إلى التركيز على أخلاقيات الإدارة إلى جانب المسؤولية الاجتماعية والكفاءة.

جوانب تطبيقية لأخلاقيات الإدارة:

تقارير العمل:

أنت مدير وطلب منك تقديم تقرير لِرَئيسك عن سير العمل فطلبت من مرؤوسيك إعداد التقرير. ولكن عندما قُدِّم إليك التقرير وجدتَ أنه يظهر بعض المشاكل التي لا تريد عرضها على رؤسائك فطلبت من مرؤوسيك إحداث تغييرات بسيطة في الأرقام وتغيير بعض الحقائق أو عرضها بشكل مبهم.

من الناحية الأخلاقية أنت شخص كاذب وغشاش ومزور.

ومن الناحية الإدارية أنت أصبحتَ قدوة سيئة لمرؤوسيك وثِق أنهم سوف يفعلون الشيء نفسه معك. القدوة السيئة تمتد كذلك لزملائك من المديرين الذين قد يجدون أن أسلوبك جعلك تظهر أمام الرؤساء كبطل عظيم وبالتالي يبدأون في تقليدك. بعد قليل تصبح التقارير كلها غشاً وكذباً وحقائق مزورة. لا يخفى عليك أن هذا يؤدي إلى فشل الإدارة وبالتالي العمل.

التَّوظيف:

أنت مدير عام في شركة لا تملكها وأعلنتَ عن وظيفة وتقدم لك كثير من المرشحين وقمت باختبارهم وحددت المرشحين ذوي الكفاءة وقررت اختيارهم.

وعند إصدار قرارك النهائي تذكرت أن أحد المرشحين الأقل كفاءة كان قد أتى بتوصية من قريب أو صديق لك فاستبعدت أحد المرشحين الأكثر كفاءة واخترت هذا الشخص صاحب التوصية.

من الناحية الأخلاقية، أنت شخص خائن للأمانة التي تحملتها.

أما من الناحية الإدارية، فإن قرارك يؤثر سلبا على أداء المؤسسة ويسبب شعور لدى العاملين بأن التوصيات ستتحكم في ترقياتهم وتقييمهم مما يقلل من حماسهم لتقديم أفضل أداء.

الأولويات:

أنت مسؤول عن موقع خدمي في مؤسسة ما ويأتيك الآخرون من العاملين يطلبون منك خدمات خاصة بالعمل، والمفترض أن تلبي طلباتهم حسب أولويات العمل. فإن جاءك من تعرف أنه له علاقة بمسؤول كبير في المؤسسة أسرعت بتنفيذ ما يريد وإن جاءك آخر من الموظفين المغمورين فإنك تهمل طلباته أو تؤجلها حتى ولو كان طلبه هاماً جداً للعمل. وفي حالة أخرى يأتيك من يطلب منك عمل تعلم أنه سيسمع به مسؤول كبير فتهتم به كثيرا ويأتيك آخر يطلب منك عملاً أهم بكثير ولكنك تعلم أنه لن يصل إلى علم كبار المسؤولين فتهمل طلبه وتؤجله.

من الناحية الأخلاقية أنت شخص غير أمين.

ومن الناحية الإدارية، فأنت تُهدر موارد المؤسسة ولا توظفها على الوجه الأمثل وتتسبب في أعمال كانت ستفيد المؤسسة. بل وأكثر من ذلك أنك تجعل كثير من الموظفين يتجنبون طلب أي شيء منك لكي لا يذوقوا مرارة عدم اهتمامك بطلباتهم مما يؤدي إلى عدم تقديمهم لاقتراحات كان من الممكن أن تُحسِّن الأداء.

مدح الرؤساء:

أنت رئيس قسم صغير ولك تطلعاتك في أن تصبح مديرا عظيما فتبدأ في مدح رؤسائك بما ليس فيهم وتثني على أفعَّالهم وتستشهد بأقوالهم.

من الناحية الأخلاقية أنت شخص ينافق رؤساءه.

ومن الناحية الإدارية أنت لست مخلصا في عملك بل مخلص في التملق لرؤسائك وبالتالي يتصورون أنك ناجح.

الاستهانة بالمرؤوسين:

أنت رئيس قسم تضغط على مرؤوسيك وتُكلفهم ما لا يطيقون وتزدري أقواله.

من الناحية الأخلاقية أنت شخص لا يراعي مرؤوسيه.

ومن الناحية الإدارية، أنت لست مخلصا في عملك بل تؤدي إلى إحباط مرؤوسيك مما يؤدي إلى ضعف مستوى الأداء.

عدم التعاون:

أنت موظف في مؤسسة كبيرة وأداؤك لعملك يتوقف عليه أداء الآخرين لعملهم ولذلك فهم دائما يطلبون منك تأدية أعمال خاصة بالعمل لكي يتمكنوا هم من أداء عملهم. لكي تريح نفسك فإنك تتعامل معهم بطريقة غير مهذبة وتدعي أحياناً عدم قدرتك على تلبية طلبهم وتتظاهر أحياناً بأنك مُنشغل بأعمال كثيرة.

من الناحية الأخلاقية، أنت شخص غير متعاون وغير مخلص في عملك. طالما أنه لم يطلب منك شيء خارج نطاق عملك فإن دورك أن تؤديه في أحسن صورة.

ومن الناحية الإدارية، هذا التصرف يؤدي إلى تعطل الأعمال وإن لم يواجه من

قبل الإدارة فإنه ينتشر ويصبح أسلوب تعامل عام. ينتج عن ذلك انعـدام روح التعـاون وهـو ما يضعف أي فرصة جادة للتطوير أو لتحليل المشاكل ويجعل العمل حلبة للصراع. وبالطبع هذا كله ينعكس على أداء المؤسسة ونتائجها.

الرشوة:

أنت موظف ولديك سلطة التعاقد، فتشترط عليهم مبلغا من المال مقابل تزكيتهم. أو مدير وتأتيك طلبات التعيين فتتقاضى من أحد المرشحين مبلغا من المال مقابل تعيينه. أو أنت موظف في مؤسسة خدمية تتعامل مع الجمهور فتتقاضى من طالبي الخدمة مالا مقابل تأدية الخدمة. من الناحية الأخلاقية هذه رشوة واستغلال للنفوذ وخيانة للأمانة. من الناحية الإدارية، أنت تختار من هم ليسوا أهلا للاختيار وتسيء لسمعة المؤسسة مما يجعل الموردون المتميزون يعزفون عن التعامل معها. أما في حالة التعامل مع الجمهور فأنت تجعل المؤسسة تفشل في وظيفتها الأساسية وهي تقديم خدمة جيدة ومراعاة العدل..... وهذا واضح.

الوُعود:

أنت رئيس في العمل وجاءك المرؤوس يشكو إليك قِلة دخلِه فوعدتَه بحوافزٍ ومكافآتٍ إن أثبتَ كفاءته في العمل بينما أنت لا تَنوي أن تُكافئه أو تعلم أنه لا يمكنك مكافأته، من الناحية الأخلاقية أنت شخص كاذب ومخادع، من الناحية الإدارية سيفقد هذا الشخص ثقته فيك وفي إدارة المؤسسة بل وسيقوم بنقل هذا الانطباع للآخرين. وهذا سيؤدي إلى انخفاض أداء العاملين وعدم رغبتهم في بذل أي مجهود غير عادي أو غير إلزامي.

الهدايا:

أنت مسؤول في موقع ما وتأتيك الهـدايا مـن المتعـاملين معـك بسبب العمل ممـن

لهم مصالح لديك. هذه الهدايا منها الرخيص ومنها الثمين. فيأتيك المرؤوس بأداة كهربائية منزلية كهدية ويأتيك المورد بجهاز إلكتروني ويأتيك العميل بلوحة فنية ثمينة. وأنت لا تريد أن ترد لهم هدية وتعتبر هذا من قبيل المحبة.

من الناحية الأخلاقية هذه الهدايا تأخذ صورة الرشوة لأنها تجعلك غير قادر على التعامل بالعدل مع من أهداك.

ومن الناحية الإدارية، أنت تُخل بميزان العدل في المؤسسة وتجعل المتعاملين معك لا يقومون بواجباتهم بل يحاولون إرضاءك بالهدايا فهذا هو الطريق المختصر للوصول إلى مصالحهم الشخصية.

التقييم:

أنت مدير ومن مسؤولياتك تقييم المرؤوسين بصفة دورية مما يترتب عليه زيادة في أجورهم. عندما تقوم بالتقييم فإنك تعتمد على مشاعرك لحظة التقييم ولا تحاول تذكُّر ما فعله المرؤوس من أخطاء وإنجازات. وبالتالي قد تعطي مرؤوسا تقديراً متواضعاً لخطأ صغير ارتكبه قبل التقييم مباشرة أو لأنه يناقش الأمور ويريد طرح الأفكار وقد تعطي ذلك الذي يمدحك بما أنت لست له أهلاً تقديراً عالياً.

من الناحية الأخلاقية، هذا ظلم واضح فأنت مسؤول عن هذا التقييم وتأثيره على المرؤوسين، ومن المفترض أن يكون التقييم مبنيا على نتائج العمل خلال فترة التقييم كلها وأن يعتمد على الحقائق.

ومن الناحية الإدارية. أنت تُحبط المخلصين وتجعلهم يفقدون الحماس لأن التقييم غير عادل وغير جاد. وعلى الجانب الآخر أنت تشجع المنافقين وتتسبب في توليهم المناصب القيادية. كل هذا يؤدي إلى ضعف الأداء وعدم شعور المخلصين بوجود مستقبل وظيفي جيد لهم في هذه المؤسسة.

ازدراء المرؤوسين:

أنت مدير عام لمجموعة من المرؤوسين وتتعامل معهم بفظاظة وعدم احترام وقد
تستخدم ألفاظا بذيئة. بالطبع أنت تعتبر هذا جزءا من التحفيز للعاملين.

من الناحية الأخلاقية أنت لا حق لك في ازدراء المرؤوسين ولاحق لك في إهانتهم.

ومن الناحية الإدارية، أنت تتسبب في خوف العاملين. فعندما يخطئ أحدهم وتحدث
مشكلة، فإن أحدا لن يصدقك القول فيما حدث، وبالتالي يضيع الوقت في البحث عن السبب
الذي هو معروف أصلا للمرؤوسين.

الخاتمة

تعتبر الأخلاق الفاضلة مادة بناء المؤسسات وأساس تقدمها ورمز ثقافتها وحضارتها. وهي ما استحسنته الفطرة السليمة، واتفقت عليه جميع الأعراف البشرية والرسالات السماوية حتى خُتمتْ بأكملها أساساً لحسن الخلق، وهي رسالة الإسلام الخالدة على يد أكمل الناس خلقاً وخلقاً المصطفى ﷺ. فإذا كانت العبادات في الإسلام لتزكية الجانب الروحي في الإنسان، فالأخلاق هي السياج الحصين لتنمية الجانب المادي فيه، واللازم لتعامله مع البيئة من حوله. وبهذا المنهج فإن الإنسان قادر على قيادة مؤسساته المختلفة على هدىً من الحق والعدل والخير.

ولكي ينجح تطبيق أخلاقيات الإدارة في المؤسسات، يجب مراعاة ما يلي:

1- وضع قوانين أو قواعد أخلاقية لسلوك الموظفين في المؤسسة، بحيث يتم الالتزام بها داخل المؤسسة، حتى يتسنى للموظفين فهم أسس أخلاق العمل في المؤسسة ومن ثَمَّ محاولة تطبيقها (المدونة الأخلاقية).

2- الاستعانة بالاستشارة الأخلاقية في المؤسسات الحكومية والخاصة، وينصب عمل المستشار على تطوير الموظفين "أخلاقيا" وكذلك التحقيق في شكاوى المستفيدين.

3- توفير دورات تدريبية للموظفين في المؤسسة أو خارجها ويكون هدفها توجيه وتعليم الموظفين تطوير أنفسهم أخلاقيا وكذلك محاولة إحساس الموظفين بالمسؤولية الملقاة على عاتقهم.

توصيات ومقترحات:

- تقوم المؤسسة بتوفير الخدمات للعاملين كالنقل والخدمات الصحية...... الخ.

- العمل على اعتماد سياسة معينة في إدارة المؤسسة لمشاركة العاملين في أرباح المؤسسة.

- منح مكافآت وحوافز وفق مبدأ الكفاءة.

- صرف تعويضات مقابل إصابات للعمل أو الأمراض المهنية.

- تكريم وتحفيز العاملين المتفوقين والمبدعين في العمل.

- إعداد وتنفيذ برامج توعية للعاملين تتضمن المعايير والمؤشرات والممارسات الفعلية المهمة المعتمدة على المستوى الاجتماعي والبيئي والأمان في العمل.

- اعتماد سياسات معينة لإيجاد فرص لانجاز أعمال صغيرة للعاملين.

- منع تسرب العاملين لتقليل البطالة والحد من مشكلات الغيابات ودوران العمل وحوادث العمل.

- منع تسريب معلومات مهمة خاصة بأعمال المؤسسة خاصة العاملين في مجال الحاسوب وتكنولوجيا المعلومات والاتصالات.

- رفع الروح المعنوية للعاملين وبث روح التعاون والدافع والحافز بينهم.

- اعتماد سياسة إدارية تسمح للعاملين المشاركة في عمليات صنع القرار.

- إتاحة فرصة لتشغيل الشباب خريجي المدارس المحلية والعمل على رفع قدراتهم ومساهمتهم في المجتمع.

- إتاحة الفرص المتساوية للأفراد العاملين بشأن تعيين المعاقين وتدريبهم ومنحهم فرص التقدم في المؤسسة.

- محاولة المؤسسة لوضع إجراءات معينة للحد من استخدام العاملين لموارد المؤسسة المختلفة واستخداماتها لأغراض شخصية.

- اعتماد برنامج أو أنموذج للسلوك الأخلاقي لمعالجة ممارسات العاملين ذات العلاقة بالاعتبارات الشخصية كالنزاهة والتحيز والمحاباة.. الخ.

- التزام المؤسسة بتطبيق القوانين والتعليمات الخاصة بالعمل وتنفيذها بعدالة على العاملين وإقناعهم بذلك من خلال تفسير وتوضيح القوانين والتعليمات كونها تحقق مصالحهم.

- متابعة العاملين فيما يتعلق بكل ممارسات حول عقد اتفاقيات غير مشروعة أو غير واضحة بالنسبة للمؤسسة.

- المحافظة على حقوق العاملين في المؤسسة وجعلهم جزء من المجتمع.

- متابعة كل ما يتعلق بالممارسات المالية غير المشروعة التي تتم من قبل العاملين.

- الالتزام بانجاز وتكامل الأعمال في المؤسسة خاصة فيما يتعلق باستخدام الأفراد كبار السن والنساء والأطفال ومحاولة عدم تركهم للعمل.

- وضع قانون أو قواعد أخلاقية لسلوكيات الموظف في المؤسسة، ويلتزم بها الموظفون داخل المؤسسة، حتى يتسنى للموظف فهم أسس أخلاق العمل في المؤسسة ويحاول تطبيقها على نفسه.

- تقديم الاستشارة الأخلاقية في المؤسسات الحكومية وغير الحكومية مثل أي مستشار آخر، ويكون جل اهتمامه على تطوير الموظفين.

- عقد دورات تدريبية للعاملين في المؤسسة وطبعا هدفها هو توجيه وتعليم الموظفين نحو تطوير أنفسهم أخلاقيا وكذلك محاولة إحساس الموظفين بالمسؤولية الملقاة على عاتقهم.

- تحسين البعد البيئي في العمل الإداري في المؤسسة، وذلك لهدف تطوير كفاءة الموظف وأيضا والتقليل من السلوكيات غير الأخلاقية في الموظف.

- تفعيل المنافسة الشريفة بين الوحدات الإدارية في المؤسسات المستهدفة، وذلك لهدف أنها تساعد على حماس الموظفين والانتماء للمؤسسة.
- عقد جلسات مع الموظفين لبحث شكواهم ومشاكلهم لعلاج السلوكيات غير الأخلاقية ومحاولة تحويليها إلى سلوكيات أخلاقية مقبولة.
- وضع آليات للضبط الإداري في المؤسسة ومحاولتها للبعد أو الصد عن السلوكيات غير الأخلاقية.
- وضع حوافز مادية ومعنوية للموظفين الذين يؤدون عملهم بكل أمانة وإخلاص حتى لا يميل الموظفون إلى استخدام أساليب غير شرعية.
- تنمية المتابعة الذاتية للموظفين في المؤسسة من خلال التوعية والبرامج المختلفة.
- الاهتمام بالقيم الاجتماعية الايجابية وعدم فصلها داخل المؤسسة حتى لا يحاول الموظف إهمال القيم الاجتماعية والنفسية.
- خلق مناخ تنظيمي ايجابي في المؤسسة يحث على الاجتهاد والفعَّالية لدى الموظفين، وتكون بذلك عن طريق:
  - السلامة في البناء التنظيمي.
  - مشاركة العاملين الفعَّالة في إتخاذ القرارات.
  - تحديث نظام الحوافز والمكافآت.
- ضرورة الاهتمام بأبعاد المسؤولية الاجتماعية وأبعاد أخلاقيات العمل ضمن إطار الثقافة المؤسسية من خلال إنشاء وحدات متخصصة للمسؤولية الاجتماعية بشكل عام وتجاه العاملين بشكل خاص.
- وضع خطة متكاملة للثقافة المؤسسية التي يمكن أن تنتهجها لكي تستطيع تطبيق وممارسة أبعاد المسؤولية من جانب وأبعاد أخلاقيات العمل من جانب آخر.
- اتباع عدد من المعايير العالمية للأخلاقيات في الإدارة والعمل على ممارستها مع

اعتماد فلسفة المقارنة المرجعية لكي تتمكن كل مؤسسة من بناء نظام متكامل لأخلاقيات العمل والمسؤولية الاجتماعية مع تطبيق برامج خاصة بالثقافة المؤسسية.

- اعتماد تطبيقات نظام معلومات غير رسمي للثقافة المؤسسية عموما لكي يوفر معلومات مهمة عن أبعاد أخلاقيات الإدارة وأخلاقيات العمل والمسؤولية الاجتماعية.

- ضرورة تزايد الاهتمام من قبل المستشفيات في تقديم خدمات للأفراد العاملين فيها وخاصة الخدمات الصحية ومشاركة العاملين في وضع سياسات المستشفى وتشجيعهم على الاهتمام المتزايد بطبيعة عملهم خاصة الجانب الإنساني لأنهم يتعاملون قبل كل شيء مع أفراد مرضى يحتاجون الرعاية الصحية والعلاجية.

صفحة زوجية فارغة

المراجع

أولاً المصادر:

- القرآن الكريم.
- السنة النبوية الشريفة.

ثانياً المراجع العربية:

فؤاد الشيخ سالم وآخرون (1994) المفاهيم الإدارية الحديثة، ط4 - مركز الكتب الأردني

ميشيل آرمسترونج (1995) إذا كنت مديراً ناجحاً كيف تكون أكثر نجاحاً، مكتبة جرير للترجمة والنشر والتوزيع.

مهدي زويلف، علي العضايلة: إدارة المؤسسة- نظريات وسلوك، دار مجدلاوي للنشر والتوزيع.

فهد سعود العثيمين (1993) أخلاقيات الإدارة في الوظيفة العامة وتطبيقاتها. مكتبة التوبة. الرياض.

محمد ماهر الصواف (1984) أخلاقيات الوظيفة العامة والعوامل الإدارية المؤثرة في مخالفتها بالتطبيق على المملكة العربية السعودية. الإدارة العامة. الرياض. العدد 82.

181

سعد غالب ياسين (1998) الإدارة الإستراتيجية، دار اليازوري العلمية للنشر والتوزيع.

أحمد داود الأشعري (2008) الوجيز في أخلاقيات العمل. خوارزم العلمية للنشر والتوزيع. الرياض.

زهير الصباغ (1978) البعد الأخلاقي في الخدمة العامة، الإدارة العامة، العدد: 47. الرياض.

تيري إل كوبر(2001) الإداري المسؤول "مدخل أخلاقي للدور الإداري". النشر العلمي والمطابع - مؤسسة الملك سعود. الرياض

خالد أحمد نصر(1988) أخلاقيات العاملين في مهنة الشراء، الإدارة العامة، العدد: 36. الرياض.

محمد عبد الفتاح ياغي(1995) الأخلاقيات في الإدارة، الأردن.

فؤاد عبد الله العمر (1996) الإعداد الأخلاقي وأهميته في الإدارة الحكومية في الكويت ودول الخليج العربية. مجلة دراسات الخليج والجزيرة العربية. العدد: 83. الكويت.

كمال دسوقي(2000) سيكولوجية الإدارة العامة وأخلاقيات الخدمة المدنية.، مكتبة ومطبعة الإشعاع الفنية. مصر.

أنور احمد رسلان (1990) الصلاحية الأخلاقية "شرط تولي الوظيفة العامة بمصر ودول مجلس التعاون الخليجي: دراسة مقارنة"، الإدارة العامة . العدد: 65، الرياض.

عبود نجم نجم (2000) أخلاقيات الإدارة في عالم متغير، المؤسسة العربية للتنمية الإدارية، سلسلة بحوث ودراسات، القاهرة.

ثامر ياسر البكري، (1996)، المسؤولية الاجتماعية بمنظور تسويقي، دراسة تسويقية لآراء عينة من المديرين العاملين في المنشآت التابعة لوزارة الصناعة والمعادن، أطروحة دكتوراه (غير منشورة)، كلية الإدارة والاقتصاد، مؤسسة بغداد.

فرانك سيترك، (1999) الإدارة بضمير، الرياض.

شهاب محمد محمود الطه، (2002) المسؤولية الاجتماعية والأخلاقية للمنظمات الإنتاجية في توفير مبدأ حماية المستخدم بالتطبيق على مجموعة من المؤسسات العراقية، رسالة ماجستير غير منشورة، كلية الإدارة والاقتصاد، مؤسسة الموصل.

سليمان بن هلال العلوي(2011) ندوة الأخلاق الإنسانية الرفيعة، ورقة عمل بعنوان: أخلاقيات الإدارة.

المسؤولية الاجتماعية وأخلاقيات الإدارة (2001)، مجلة جمعية المجمع العربي للمحاسبين القانونيين، عمان.

محمد عصام احمد المعاضيدي (2005)، أثر أخلاقيات العمل في تعزيز إدارة المعرفة، دراسة لآراء عينة من تدريسيي مؤسسة الموصل، رسالة ماجستير غير منشورة، كلية الإدارة والاقتصاد، مؤسسة الموصل.

أبوبكر ذكرى(1968) مدخل إلى فلسفه الأخلاق، القاهرة: مطبعه دار التأليف.

احمد أمين (1967) الأخلاق، القاهرة، مكتبه النهضة المصرية.

على السلمى (1970) التدريب الإداري، القاهرة: المنظمة العربية للعلوم الإدارية.

ـــــــــ (1995) ميثاق شرف لمهنه التدريب الإداري في الوطن العربي، الملتقى العربي الأول للتدريب، الجمعية العربية للإدارة، القاهرة: إبريل.

ـــــــــ (1998) إدارة الموارد البشرية، القاهرة، دار غريب للطباعة والنشر والتوزيع.

على السلمى (2002) إدارة التميز، القاهرة، دار غريب.

على محمد منصور(1999) مبادئ الإدارة، القاهرة، مجموعه النيل العربية.

مصطفى الحلوانى (1999) علم التدريب المهاري، جامعة قناة السويس، مصر.

دليل المدرب في تدريب المدربين، برنامج تنمية المجتمعات المحلية، الجمهورية اليمنية عن موقع مؤسسة الفاو.

صلاح الدين عبد الباقي (1999) إدارة الموارد البشرية، الدار الجامعية، الإسكندرية، مصر،

حسن إبراهيم بلوط، (2002) إدارة الموارد البشرية من منظور إستراتيجي، منشورات دار النهضة العربية، بيروت، لبنان.

أحمد ماهر(2004) إدارة الموارد البشرية، الدار الجامعية، الإسكندرية، مصر.

ناصر دادي عدون (2007): اقتصاد المؤسسة، دار المحمدية، الجزائر العاصمة.

أحمد إبراهيم باشات (1978) أسس التدريب، القاهرة، مكتبة النهضة.

أحمد سيد مصطفى (2005) إدارة الموارد البشرية، القاهرة، دار النهضة العربية.

ــــــــــ (2005) المدير ومهاراته السلوكية، القاهرة، دار النهضة العربية.

جمال الدين محمد المرسي (2006) الإدارة الإستراتيجية للموارد البشرية، الإسكندرية، الدار الجامعية.

جمعية التدريب والتنمية (أعداد متنوعة) أعوام 2002 إلى 2006.

حامد عمار (1992) التنمية البشرية في الوطن العربي، القاهرة، سينا للنشر.

ديفيد أوسبورن (1998) تدريب الموظفين لرفع كفاءة الأداء، سلسة خلاصات، القاهرة، الشركة العربية للإعلام العربي " شعاع: العدد 14، السنة 6،

راوية حسن (2005) إدارة وتنمية المؤسسات الاجتماعية، الإسكندرية، المكتبة الجامعية.

سامية فتحي عفيفي (2004) دراسات في السلوك الإداري (2004) القاهرة، كلية التجارة، جامعة حلوان.

سلسلة الإدارة المثلي (2003) إدارة الأفراد، بيروت، مكتبة لبنان.

عبد الرحمن توفيق (2004) الإدارة بالمعرفة، القاهرة، مركز الخبرات المهنية للإدارة.

نجم عبود نجم (2006) أخلاقيات الإدارة في عالم متغير، القاهرة، المنظمة العربية للتنمية الإدارية.

نبيل علي (1994) العرب وعصر المعلومات، الكويت، سلسلة عالم المعرفة، العدد 184.

مهدي حسن (2001) إدارة الموارد البشرية، القاهرة، دار الفكر للطباعة والنشر والتوزيع.

ثالثاً: المراجع الأجنبية

Bedeian, Arthur G., (1993), Management, New York: Harcourt Brace Jovanovich.

Daft, Richard L., (1997), Management, 4th ed. Dryden Press, Orlando, USA.

Daft, Richard L., (2003), Management, South - Western & College Publishing Co., Canada.

Griffin, R. W. (1993), Management, 4th ed., Houghton Miffin Co., New York, USA.

Ivancevich, J. M. ; Lorenzi, P. ; Skinner, S. J. and Crosby, P. B. (1997), Management Quality and Competitiveness, Boston: McGraw Hill, Irwin.

Kirrane, D. E., (1990), Managing Values: A Systematic Approach to Business Ethics, Training and Development Journal, November.

Maak, Thomas and Ulrich, Peter, (2005), Business Ethics - The Founding Principles: 1-7.

Schermerhorn, John R. (1996), Management and Organizational Behavior, Prentice Hall Inc., New Jersey, USA.

Schermerhorn, John R. (2002), Management, 7th ed., John Wiley and Sons Inc., New York.

Weihrich, Heinz and Koontz, Harold, (1993), Management: A Global Perspective, International Edition, McGraw Hill Inc., New York, USA.

Paine, L. S (2003) "Is Ethics Good Business?", Challenge, vol 46, no 2. March-April, pp 6-21.

Thomsen, S. (2001) "Business Ethics as Corporate Governance" European Journal of Law and Economics", vol 11, no 2, pp 153-164.

Arthurs, H. (1990) "Ideology, Interest and Implementation of a professional Ethical Code", in D. MacNIven (ed) Moral Expertise London. Routledge.

Grace, D. and Cohen, S. Business Ethics: Australian Problems and Cases. Oxford, New York, Oxford University Pres.

Mary C. Gentile, International Business Consultant, Managers for the Future, Electronic Journal of the U. S. Department of State February 2005.

A. Stark, What Is The Matter With Business Ethics? Harvard Business Review Bol. 71, No. 3, May-June 1993.

Friedman, M. (1970) "The Social Responsibility of Business is to Increase its Profits", The New York Times, September 13.

Thomsen, S. (2001) "Business Ethics as Corporate Governance" European Journal of Law and Economics", vol 11, no 2.

Zalesink, A (1989) The Managerial Mystique, Harper& row, New York.

Taffinder, P. (1995) mangers and Leaders, kogan page, London.

http: //www. kenanaonline. com/ws/mara/blog/38211/page/10